DROEMER

Über das Buch:

Carola Rackete traf als Kapitän der *Sea-Watch 3* die mutige Entscheidung, sich über das Verbot des italienischen Innenministeriums hinwegzusetzen, und brachte 40 aus dem Mittelmeer gerettete Menschen in den sicheren Hafen von Lampedusa. So wurde sie über Nacht weltweit bekannt – und zum Vorbild für alle, die nicht länger zusehen wollen, wie die Rettung von Menschenleben systematisch verhindert wird.

In ihrem Buch erzählt sie, warum sie sich so bedingungslos für Menschlichkeit, globale Gerechtigkeit und Naturschutz einsetzt. Dass Menschen aus ihrer Heimat fliehen, hängt unmittelbar mit der Klimakrise und der zunehmenden globalen Ungerechtigkeit zusammen. Wenn wir nicht jetzt etwas gegen die Erosion der Menschenrechte, den Zusammenbruch unserer Ökosysteme und die Klimakrise tun, wird sich das Problem immer weiter verschärfen. Carola Racketes Aufruf gilt uns allen – der Generation, die mit ziemlicher Sicherheit die letzte ist, die etwas verändern kann: Wir müssen aufhören, auf andere zu hoffen, und stattdessen selbst handeln. Auf dem Spiel steht nichts Geringeres als unsere Zukunft auf diesem Planeten.

Carola Rackete
Unter Mitarbeit von Anne Weiss

HANDELN STATT HOFFEN

Aufruf an die letzte Generation

DROEMER

*Carola Rackete und Anne Weiss spenden die Erlöse aus diesem Buch an den Verein borderline-europe – Menschenrechte ohne Grenzen e.V., der sich für die Rechte Geflüchteter einsetzt.
Mit ihrer Arbeit wendet sich die Organisation außerdem gegen die generelle Kriminalisierung von Menschen, die Geflüchteten helfen.*

Dieses Buch ist klimaneutral produziert.

Besuchen Sie uns im Internet:
www.droemer.de

Aus Verantwortung für die Umwelt hat sich die Verlagsgruppe
Droemer Knaur zu einer nachhaltigen Buchproduktion verpflichtet.
Der bewusste Umgang mit unseren Ressourcen, der Schutz unseres Klimas
und der Natur gehören zu unseren obersten Unternehmenszielen.
Gemeinsam mit unseren Partnern und Lieferanten setzen wir uns für eine
klimaneutrale Buchproduktion ein, die den Erwerb von Klimazertifikaten
zur Kompensation des CO_2-Ausstoßes einschließt.
Weitere Informationen finden Sie unter: www.klimaneutralerverlag.de

MIX
Papier aus verantwortungsvollen Quellen
FSC
www.fsc.org
FSC® C014496

Überarbeitete und erweiterte Taschenbuchausgabe
September 2021
© 2019 Droemer Verlag
Ein Imprint der Verlagsgruppe
Droemer Knaur GmbH & Co. KG, München
Alle Rechte vorbehalten. Das Werk darf – auch teilweise – nur mit
Genehmigung des Verlags wiedergegeben werden.
Lektorat: Jan Strümpel
Covergestaltung: Isabella Materne
Cover inspiriert von Thomas Lohnes / Kontributor / Gettyimages
Satz: Adobe InDesign im Verlag
Druck und Bindung: GGP Media GmbH, Pößneck
ISBN 978-3-426-30255-2

2 4 5 3 1

Für alle Opfer des zivilen Gehorsams

Inhalt

Vorwort
von Hindou Oumarou Ibrahim
9

1
Hören wir auf zu hoffen
15

2
Ein Gebot der Humanität
44

3
Die letzte Generation?
69

4
Das System infrage stellen
98

**5
Fangen wir an zu handeln**
129

**Nachwort zur
Taschenbuchausgabe**
155

Danksagung 179

Literatur und weiterführende Internetadressen 181

Über die Autorinnen 189

Vorwort
von Hindou Oumarou Ibrahim,
Umweltaktivistin aus dem Tschad

Wo sind denn die Männer? Wer ein Dorf in Ländern der Sahelzone besucht, wird oft bemerken, dass ausschließlich Frauen, minderjährige Jungen und alte Menschen zu sehen sind. Ist es ein Zeichen der wachsenden Selbstbestimmung der Frauen? Sind die Männer vielleicht drinnen in den Hütten und kochen das Essen? Oder alle unterwegs, um Wasser und Brennholz zu beschaffen? Sind sie einem Krieg zum Opfer gefallen oder einem Virus, das nur Männer im Alter von 15 bis 50 Jahren befällt?

Natürlich nicht! Die Männer sind nur weg, weit, weit weg. Meist sind sie in afrikanische Städte gegangen, leben in Slums und versuchen irgendeine temporäre Arbeit zu finden. Einige sind unterwegs durch die Wüste Richtung Libyen, manche von ihnen sind die Sklaven von Menschenhändlern, manche sind sogar Helfer von Schleppern. Ein paar von ihnen befinden sich auf Rettungsbooten im Mittelmeer und ganz wenige in Flüchtlingslagern am Rand Europas. Sie wollen arbeiten und ihren Verwandten Geld für Nahrungsmittel nach Hause schicken. Die Männer möchten damit nur ihren Stolz wiedergewinnen, ihre Ehre. Denn in den meisten dieser Gemeinschaften ist ein Mann, der seine Familie nicht zu ernähren weiß, kein Mann mehr.

Wir alle wissen von den Folgen des Klimawandels. Sie sind inzwischen für alle sichtbar. Wir sehen, wie die Wälder verdorren und das Eis wegschmilzt. Doch eine der brutalsten Folgen des Klimawandels machen wir uns nicht bewusst: dass er Männer und Frauen um ihre Würde bringt.

Seit Beginn dieses Jahrhunderts ist die Durchschnittstemperatur in meinem Land, dem Tschad, um mehr als 1,5 Grad angestiegen. Für die meisten Länder Afrikas gilt das Gleiche. Unsere Bäume brennen. Unsere Wasservorkommen versiegen. Unsere fruchtbaren Äcker verwandeln sich in Wüste. Als Indigene Frau lebte und arbeitete ich mit meiner Gemeinschaft stets im Einklang mit der Natur. Die Jahreszeiten, die Sonne, Wind und Wolken waren unsere Verbündeten. Inzwischen sind sie zu Feinden geworden.

Hitzewellen mit Temperaturen von über 50 Grad über mehrere Tage hinweg bringen Männer, Frauen und das Vieh um. Überschwemmungen zerstören die Ernte. Veränderungen im Rhythmus der Jahreszeiten führen zu neuen Krankheiten für Mensch und Tier. Der Tschadsee, der einmal einen der fünf größten Süßwasserspeicher in Afrika darstellte, verschwindet vor unseren Augen. Als ich vor gut 30 Jahren geboren wurde, hatte der See eine Fläche von 10 000 Quadratkilometern. Heute sind es nur noch 1250. In meiner Lebenszeit sind fast 90 Prozent verschwunden.

Der Klimawandel ist für die Sahelzone wie Krebs. Er ist eine Krankheit, die die Seen auslaugt, aber auch die Herzen der Männer und Frauen, die dort leben. Seit Jahrhunderten hatten Bauern, Fischer und Viehhirten harmonisch miteinander zusammengelebt. Heute jedoch stellt jeder Tropfen

Süßwasser, jedes Fleckchen fruchtbares Land einen höchst begehrten Schatz dar. Für den die Menschen kämpfen und – manchmal – töten.

Der Klimawandel ist ein Virus, das der düstersten Seite der Menschheit den Boden bereitet. Gruppen wie Boko Haram und andere Terroristenzellen machen sich die Armut zunutze, um Jugendliche anzuwerben und Gemeinschaften gegeneinander aufzuhetzen. In den ersten Monaten des Jahres 2019 berichteten europäische Medien über grausige Massaker von Hirten an Bauern und Bauern an Hirten in Mali und Burkina Faso. Diese Menschen kämpfen um die letzten verbliebenen Ressourcen; Gruppen, die auf der extremen Armut eine Ideologie des Hasses errichten, stacheln sie dazu auf.

Warum widerfährt uns das? Warum ist Mutter Erde so hart zu uns? In meiner Gemeinschaft ist niemandem bewusst, dass sich das Klima ändert, weil sich der Einsatz fossiler Brennstoffe anderswo auf der Welt auf das fragile Gleichgewicht des Klimas weltweit auswirkt. Da nur wenige Kinder die Möglichkeit haben, zur Schule zu gehen, können sie nicht verstehen, was den meisten von uns offensichtlich ist. Der Klimawandel ist die Folge eines Entwicklungsmodells, das einem (kleinen) Teil dieses Planeten Wohlstand bringt, aber einigen von uns auch jede Existenzgrundlage nimmt. Dabei lief in den vergangenen zehn Jahren erst der Trailer zu dem anstehenden Horrorfilm über unseren Planeten und die Menschheit. Und meine Leute sind stille Zeugen eines Problems, das sie nicht selbst verursacht haben.

Wer Lust hat auf eine Flasche Coca-Cola, findet sie überall in Afrika ziemlich leicht, selbst mitten in der Savanne, aber Strom findet man nahezu nirgends. Für Freunde warmer Softgetränke kein Problem. Nichts könnte meiner Ansicht nach den Zynismus dieses Entwicklungsmodells besser veranschaulichen. Selbst zu Beginn des 21. Jahrhunderts, im Zeitalter der Drohnen, der virtuellen Realität und künstlichen Intelligenz, hat die Hälfte der afrikanischen Bevölkerung keinen Zugang zu Strom. Und Elektrizität ist nicht das Einzige, was fehlt. Es fehlt grundlegend an Schulen, an akzeptablen Krankenhäusern, an Therapien und Impfstoffen für Krankheiten, die in der westlichen Welt als harmlos gelten.

Der Klimawandel ist selbstverständlich nicht die einzige Ursache für Armut. Doch er ist eine immer weiter schwächende Krankheit, die die Jugend Afrikas um ihre Zukunft bringt. Welche Hoffnung gibt es noch, wenn man sich aufgrund der Klimaveränderung bei der Aussaat fragt, ob wohl eine Flut oder eher eine Dürre deine einzige Einnahmequelle vernichten wird?

Was sollen Mütter oder Väter in der Sahelzone ihren Kindern antworten, wenn sie fragen, warum heute Abend wieder nichts auf dem Teller liegt? Ist es möglich, ihren Kindern zu sagen: »Keine Sorge, es gibt da dieses Übereinkommen von Paris, und wenn jeder seinen Teil dazu beiträgt, wird die Zunahme der globalen Erwärmung am Ende des Jahrhunderts vielleicht weniger als 2 Grad betragen«? Natürlich nicht. Solange wir also die Klimakrise nicht angehen und uns entscheiden, für diese Jugend eine Zukunft zu ermöglichen, wird es uns nicht möglich sein, die Verzweiflung in Hoffnung zu wandeln. Es wird uns nicht gelingen, diesen Gemeinschaften ein starkes Argument dafür an die Hand zu geben, warum sie ihre Männer davon abhalten sollten, sich auf die Migrationsrouten zu begeben.

Niemand sollte gezwungen sein müssen, sein Zuhause zu verlassen und sein Leben zu riskieren, weil er in seiner Heimat einfach keine Zukunft hat. Niemand verlässt gern seine Familie, seine Wurzeln, seine Identität. Wir dürfen niemals vergessen, dass kein Mensch als Migrant geboren wurde. Daher müssen wir aufstehen und deutlich sagen, dass wir diese Zukunft nicht wollen. Und dann Veränderungen umsetzen.

Unser Zeitfenster ist klein. Für Pessimismus ist da ebenso wenig Platz wie für Optimismus. Wir brauchen alle Zeit zum Handeln und für eine grundsätzliche Neuausrichtung unseres Umgangs mit dem Klimaproblem. Niemand wird es allein lösen können, aber jeder Beitrag ist mehr als willkommen. Als mich Carola um ein Vorwort für ihr Buch bat, sagte ich deshalb sofort zu. Nicht nur, weil sie eine der vielen ist, die tatkräftig an Lösungen für unsere Welt arbeiten, sondern weil sie auf ihre Art einzigartig ist, weil sie an globales Handeln und gemeinsame Verantwortung glaubt, weil sie Menschenleben rettet und dafür riskiert, ins Gefängnis zu gehen. Sie findet Lösungen und zählt zu den wenigen, die mit ihrem konkreten Tun für Nachhaltigkeit eintreten, für Recht und Gerechtigkeit im Dienst einer besseren Zukunft für alle. Ich empfehle Ihnen daher, ihr Buch zu lesen, es wird Sie bestimmt inspirieren.

1
Hören wir auf zu hoffen

Kurz vor Mittag, und noch immer sitzen wir hier fest. Das Geländer der Treppe, die hinauf zur Brücke führt, ist warm wie ein Heizungsrohr. Ich nehme zwei Stufen auf einmal. Oben halte ich einen Moment inne, fühle, wie ein Film aus winzigen Schweißperlen meine Haut überzieht. Kein Wind, die Luft steht. Es ist einfach zu heiß, um sich viel zu bewegen. Vor uns liegt der wärmste jemals gemessene Monat seit Beginn der Wetteraufzeichnungen.

Es ist Freitag, der 28. Juni 2019, der 20. Tag, seitdem wir aus dem Hafen von Licata in Sizilien abgefahren sind, um Menschenleben zu retten. Vor 16 Tagen haben wir 53 Menschen aus einem nicht hochseetauglichen Schlauchboot geborgen, knapp 50 Seemeilen vor der libyschen Küste – Männer, schwangere Frauen, Minderjährige, unter ihnen sogar zwei Kleinkinder. Einige medizinische Notfälle und besonders verletzliche Personen hat uns die italienische Küstenwache zwischenzeitlich abgenommen. Jetzt haben wir noch 40 Menschen an Bord, sie sind entkräftet und mutlos.

Wir hoffen, dass jemand uns sagt, was mit ihnen geschehen soll.

Aber uns läuft die Zeit davon.

Mit jeder Minute, die verstreicht, riskieren wir, dass ein weiterer Notfall tödlich ausgeht.

Vor uns liegt wie ein dünnes, schimmerndes Band die Küste der Insel Lampedusa, einer der südlichsten Punkte

Europas, für uns der nächste sichere Hafen. Die Hitze lässt die Luft über dem Meer flimmern. In einer Stunde könnten wir im Hafen sein, wenn sie uns ließen. Stattdessen liegen wir fest und warten, dass die europäischen Staaten eine Lösung finden. Ich sehe übers Bootsdeck, wo die Schnellboote in Kränen gestaut sind, und auf das Hauptdeck weiter unten. Gegen die Sonne sind über die unteren Decks Zeltplanen gespannt, darunter liegen die Leute, die wir aus dem Schlauchboot geborgen haben, auf dem Boden.

Unser Schiff ist nicht dafür ausgelegt, aus Seenot gerettete Menschen lange an Bord zu behalten. Es gibt nur drei Toiletten, das Trinkwasser kann zwar aus Meerwasser aufbereitet werden, aber das geht sehr langsam, und auch mit dem Tank, den wir im Hafen gefüllt haben, reicht es bei so vielen Personen nur gelegentlich zum Duschen und Wäschewaschen. Und jeder, der dort unten auf dem Bootsdeck liegt, hat nur eine Decke. Bequem ist das nicht, entweder man legt sich drauf und friert nachts, oder man deckt sich zu und hat nach kurzer Zeit da Schmerzen, wo der Körper auf dem mit schwarzen PVC-Matten belegten Boden aufkommt.

Das weite Meer um uns herum glitzert, kleine Wellen brechen sich an unserem Bug. Die *Sea-Watch 3* ist ein altes Offshore-Versorgungsschiff aus den Siebzigerjahren, sie wurde von der Ölindustrie genutzt, und bevor Sea-Watch sie mit Spendengeldern erwarb, war sie als Seenotretter für Ärzte ohne Grenzen unterwegs. Ein sperriger Kahn, der viel Pflege braucht.

Es tut seinen Dienst, aber ich mag das Schiff nicht sonderlich.

Eigentlich wäre ich auch gar nicht hier. In diesem Jahr war ich nicht eingeplant für eine Mission, wie die Einsätze zur

Seenotrettung genannt werden. Ich bin einige Jahre zur See gefahren, hauptsächlich als Nautiker auf großen Forschungsschiffen in den Polargebieten und auch mit Greenpeace, habe dann Naturschutzmanagement studiert und wollte mich nach dem Abschluss auf den Naturschutz konzentrieren. Ich hatte noch nie eine große Leidenschaft für die Seefahrt, es schien mir nach einigen Jahren in dem Beruf auch wichtiger, mich um den Erhalt unserer Biosphäre zu kümmern. Allerdings kamen mir die Kenntnisse aus der Schifffahrt weiterhin zupass, um für Sea-Watch und andere Seenotrettungs-NGOs das zu tun, was ich für essenziell halte: Leben zu retten.

Als die Mail kam, dass der Kapitän einer bevorstehenden Mission ausgefallen sei, arbeitete ich seit einiger Zeit als Trainee in einem Naturschutzprogramm in Schottland. Wir sammelten Daten über Schmetterlinge, setzten Wanderwege instand, topften zuletzt bei strömendem Regen im Gewächshaus drei Tage lang Waldkiefersetzlinge um.

Schön war es dort: die schroff abfallenden Berghänge, deren Kuppen Hauben aus dunklem Moos tragen. Der Geruch der Wiesen und des Regens, der sich mit dem Duft der zarten Blüten und dem Harz der Nadelbäume mischt. Abends die lang gezogenen Laute der Sterntaucher über dem nebligen See, wie sie nacheinander rufen. Die Luft so klar und würzig, dass ich am liebsten rund um die Uhr draußen gewesen wäre.

Im Grunde wollte ich nicht weg. Trotzdem, es war ein Aufruf, der an alle gerichtet war, die auf der Kontaktliste für Notfälle standen. Auf dieser Liste stehen alle, die einspringen könnten, wenn ein geplantes Crewmitglied kurzfristig ausfällt. Freiwillige, die ungelernt einen Posten ausüben, findet man nicht so schwer wie Fachpersonal fürs Schiff oder medizinisches Personal, denn das ist knapp.

Ich ahnte: Das wird schwer, so kurzfristig Ersatz zu finden. Und ein Telefonat mit dem Einsatzleiter ergab, dass wirklich niemand da war, der das Schiff hätte übernehmen können. Wenn ich es nicht tat, würde es trotz vollständiger Besatzung nicht auslaufen können. Ich sah mich in der Verantwortung zu handeln und packte meine Sachen.

Jetzt liege ich also hier mit dem Schiff vor Anker in der schwülen Hitze Südeuropas. Über das Schwappen der Wellen hinweg höre ich nur Gesprächsfetzen, sonst ist alles ruhig. Immer wieder bin ich mit der Crew durchgegangen, was uns noch möglich ist zu tun, auch mit dem Team von Sea-Watch an Land, das aus sehr vielen Freiwilligen und wenigen Angestellten besteht, die hauptsächlich in Berlin, aber auch in Amsterdam, Rom und Brüssel und anderswo sitzen. Dieses Team kümmert sich um die Logistik, die Medienarbeit und die interne Kommunikation genau wie um die Rechtsberatung und die politische Arbeit. Es hält die Kontakte an Land zu weiteren Organisationen und politischen Akteuren, und es informiert und berät uns auf dem Schiff über die aktuellen Entwicklungen.

Zwei Wochen lang saßen wir in internationalen Gewässern fest. Über unser unzuverlässiges Internet an Bord habe ich die zuständigen Stellen in Rom und Valletta per Mail um Unterstützung gebeten, auch das Hauptbüro der Küstenwache in Den Helder, weil die *Sea-Watch 3* unter niederländischer Flagge fährt. Über das Auswärtige Amt der Bundesrepublik Deutschland haben wir auch Spanien und Frankreich um Hilfe ersucht.

Die italienische Küstenwache kam an Bord. Auch die

Guardia di Finanza, die Finanz- und Zollpolizei, die dem Ministerium für Wirtschaft und Finanzen in Rom untersteht.

Wir sollten warten.

Sie hätten keine Lösung.

Nichts geschah.

Uns gingen die Möglichkeiten aus. Es wurde zunehmend schwierig, die Sicherheit an Bord zu garantieren. Die Leute brauchten dringend ärztliche Versorgung an Land. Eine der geretteten Frauen sprach der Ärztin gegenüber aus, sie sei so verzweifelt, dass sie daran denke, sich das Leben zu nehmen. Sie sagte, dass sie sich sicherer fühle, wenn immer jemand bei ihr sei.

Das können wir nicht leisten. Die Crew besteht aus über 20 Personen, aus nautisch-technischem Personal wie mir und den Ingenieuren, aber auch aus medizinischem Fachpersonal und den Schnellbootcrews. Die meisten arbeiten hier in ihrer freien Zeit, wie Oscar, der Jura studiert und kurz vor der Abschlussprüfung steht. Nur drei arbeiten fest für Sea-Watch, aber es gibt einige, die schon lange freiwillig dabei sind, wie Lorenz, der sich um unsere Passagiere kümmert. Alle sind im Schichtsystem eingeteilt, denn wir müssen auf jeden Einzelnen Tag und Nacht achten – was schwieriger wird, je mehr sie unter Ungewissheit leiden und je länger ihr schlechter Zustand andauert.

Also entschloss ich mich vor zwei Tagen, den Notstand zu erklären und ohne Genehmigung in die italienischen Hoheitsgewässer einzufahren. Die Guardia di Finanza stoppte uns, nahm nun die Personalien der gesamten Crew auf, kontrollierte die Schiffszertifikate. Sie sagten, dass sicher bald eine politische Lösung käme und wir so lange warten sollten.

Dann fuhren sie wieder davon.

Gestern ersuchte ich wegen unserer Notlage den Hafen um einen Liegeplatz. Wieder stoppten uns die Schiffe der Behörden.

Die Lösung stehe kurz bevor, sagten sie.

Es kam ein Charterboot mit Presse und einigen Parlamentsangehörigen.

Viele Kameras.

Viele Telefonate.

Keine Lösung.

Heute dann Informationen vom Staatsanwalt, der uns mitteilte, dass Untersuchungen wegen Beihilfe zur illegalen Einreise gegen mich laufen. Es ist, auch wenn sich das komisch anhört, seit vielen Tagen der erste Lichtblick. Auf der letzten Mission im Mai hatten Untersuchungen bedeutet, dass er das Schiff beschlagnahmt. Wenn er dies anordnet, ist er auch für die Menschen an Bord verantwortlich, und sie können endlich an Land.

Das ist es, worauf wir heute warten.

Ich beschatte mein Gesicht mit der Hand, dann wische ich mir über die Stirn. Um uns herum fahren Fischerboote auf und ab, Jachten verlassen den Hafen. Wenn wir nicht in dieser furchtbaren Situation wären, würden wir jetzt vermutlich baden gehen. Aber wir sitzen hier und braten in der Hitze.

In dieser Zeit, das höre ich später, haben es 17 Boote nach Lampedusa geschafft, insgesamt 300 Menschen sind so in Italien gelandet, die meisten kamen wahrscheinlich aus Tunesien. *Ghost Boats* werden diese kleinen Boote genannt. Da die Menschen auf ihnen nun schon mal in den Territorialgewässern sind, lässt die Küstenwache sie einfach an Land gehen, dann werden Polizei oder humanitäre Dienste verständigt. Im Regelfall laufen die Leute nicht weg und versuchen sich zu verstecken, denn Lampedusa ist so klein, dass das kaum gelingt. Normalerweise sieht sie irgendein Fischer oder anderer Anwohner, meist schon längst bevor die Menschen mit dem Boot am Strand oder auf den Steinen anlanden. Dann kommen die Leute von der Behörde und bringen sie in das Aufnahmezentrum, da geht es ganz normal weiter, Identifikation, Fingerabdrücke.

Nur wir mit den 40 Geflüchteten, die dringend weitere ärztliche Versorgung benötigen, stecken hier fest. Es gibt physische Notfälle, wie die Patienten, bei denen sich eine Erkrankung an Bord verschlimmert hat und die mit hohem Fieber oder heftigen Schmerzen nicht weiter an Bord behandelt werden konnten. Sie wurden von der Küstenwache abgeholt. Die Mehrzahl der Menschen leidet an posttraumatischer Belastung. Bei anderen wäre es dringend nötig, alte Wunden, die durch Gewaltanwendung in den Lagern in Libyen entstanden sind, oder unbehandelte Knochenbrüche von der Flucht vollständig zu heilen. Die italienische Küstenwache sagt, sie wären keine Notfälle. Und so wird aus einer Frage des Seerechts eine absurde Diskussion über den Gesundheitszustand der Geretteten, die auch als vollkommen gesunde Menschen ein Anrecht auf einen sicheren Hafen haben.

Beim Morgenmeeting beschreibt Lorenz, gelernter Krankenpfleger, der sich als Gästekoordinator um die Passagiere kümmert, noch einmal eindringlich die schwierige Lage.

»Die größte Gefahr ist, dass die Leute beschließen, ihr Handeln wieder selbst in die Hand zu nehmen«, sagt er. »Ich habe Angst, dass sie ins Wasser springen.«

Lorenz ist schlank und hat braune Haare, die an einer Seite abrasiert sind. Er ist schon so lange dabei wie ich, hat auch Umweltwissenschaften studiert. Das verbindet uns, genau wie der Grund, aus dem wir auf diesem Schiff sind. Niemand macht das aus Abenteuerlust oder anderen nichtigen Gründen. Keiner in meiner Crew, nicht ich selbst, am allerwenigsten die Menschen, die wir aufnehmen.

Im Gegenteil, sie alle fliehen vor Gewalt. Auf dem letzten Stück ihrer Route, im Bürgerkriegsland Libyen, machen wohl die meisten ihre schlimmsten Erfahrungen.

»Wenn ich da mit jemandem stehe und mich über die Zustände in den Lagern unterhalte, sagt er bald: ›Guck mal hier, diese Wunde am Kopf, das war ein Metallrohr‹«, weiß Lorenz zu berichten. »An einem anderen sehe ich so zehn Stellen, wo einer seine Zigarette ausgedrückt hat. Oder jemand zieht das T-Shirt hoch, zeigt eine Narbe und erklärt, das waren Stromschläge. Es ist für diese Menschen überhaupt kein Ding, jemandem ihre Verletzungen zu zeigen, weil es was Normales ist. Fast alle wurden gefoltert.«

Lorenz sagt, er wolle helfen, die Welt zu einem Ort mit mehr Freiheit und weniger Diskriminierung für alle zu machen. Und er gehört zu denen, die schon besonders häufig auf Missionen waren. Er verzichtet auf vieles, vor allem auf ein geregeltes Leben. Immer wieder spricht er aus, was wir alle denken: wie stark die Menschen sind, die so etwas aushalten und dabei dennoch freundlich sein können. Die trotzdem weiterleben, nach allem, was sie erlebt und durchlitten haben.

Viele, das steht in den medizinischen Berichten, leiden an den Folgen der Folter in libyschen Auffanglagern: an posttraumatischer Belastungsstörung wie an nicht verheilten Brüchen, Wunden von Bajonetten und Verbrennungen durch heißes Plastik, das man ihnen auf die Haut gegossen hat. Sie haben Narben am Kopf, sichtbar für jedermann, und unsichtbare Narben auf der Seele, durch Schläge, Drohungen, Menschenhandel und Versklavung, durch Todesangst und – bei allen Frauen – durch Vergewaltigung und erzwungene Prostitution, die oft dadurch erpresst wird, dass jemand ihr Kind oder ein anderes Familienmitglied bedroht. Durch die Seekrankheit sind viele außerdem dehydriert, und das verschlimmert ihren Zustand. Schlafstörungen, Nervosität, mangelnde Impulskontrolle, Angstzustände sind die Folge.

»Die Verletzungen passen zu den Berichten aus den Lagern und zu den Fluchtwegen«, sagt Victoria, die Ärztin, die diese Reports mit unterschreibt. Im Alltag arbeitet sie als Fachärztin für Anästhesie und Notfallmedizin, schon seit langen Jahren auf der Intensivstation in Hamburg. Sie ist vorher noch nicht auf einer Mission gewesen, hat sich dafür zum ersten Mal längere Zeit von ihren Kindern getrennt. »Ich bin wahnsinnig wütend, dass es auf der Welt so ungerecht zugeht, also musste ich was tun.«

Nachdem die Küstenwache schon vor einiger Zeit zehn gesundheitlich besonders gefährdete Personen von Bord genommen hatte, kamen sie noch zweimal wegen eines Notfalls. Ein Mann hatte das Bewusstsein verloren, der zweite hatte starke Schmerzen im Unterbauch und wurde zusammen mit seinem noch minderjährigen Bruder von Bord geholt. Jedes Mal, wenn sie einen Patienten abtransportierten, standen alle anderen Spalier, jeder wollte sich verabschieden, auch wenn die beiden kaum bei Bewusstsein waren. Das hat mich berührt, dieser Zusammenhalt von Menschen, die sich vorher nicht kannten und die auf so engem Raum zusammenleben mussten.

Mehr, als die Notfälle abzuholen, machen die Männer der Guardia Costiera nicht. Sie verstehen unsere Lage, wissen, wie das ist, weil sie selbst früher für die Seenotrettung vor der libyschen Küste zuständig waren. Sie sind nett, aber aktuell ziemlich nutzlos, denn sie helfen uns nicht mehr, als sie dürfen. Bei jedem medizinischen Notfall kam von den Menschen, die zurückblieben, die Frage, ob sie erst so krank werden müssten, um das Schiff verlassen zu können.

Sie brauchen dringend einen sicheren Hafen. Wie sich die Wartezeit auf der *Sea-Watch 3* für jemanden anfühlt, der durchgemacht hat, was unsere Passagiere ertragen mussten, kann ich nur vermuten. Der Aufbruch ins Ungewisse, die lange Reise durch die Wüste, Hunger, Entbehrungen, falsche Versprechungen, Überfälle. Die blanke Verzweiflung, auf unbestimmte Zeit im Internierungslager festzusitzen, Folter, Vergewaltigung, Freunde und Familienangehörige, die einfach erschossen werden. Die Todesangst in einem unsicheren Schlauchboot auf hoher See.

Das Mittelmeer ist gefährlicher, als die meisten Urlauber es kennen, das Wetter kann schnell umschlagen, und dann bietet ein Schlauchboot mit vier Luftkammern keinen großen Schutz. Es braucht nur eine dieser Kammern Luft zu verlieren, dann kann ein so überladenes Boot sinken.

»Ich selbst habe gewaltigen Respekt vor dem Meer«, sagt Oscar. Er studiert Jura und riskiert mit seinem Einsatz als Schnellbootfahrer, eines Tages nicht von der Anwaltskammer zugelassen zu werden, falls er dafür vor Gericht landet und verurteilt wird. »Das Mittelmeer ist riesig groß, und es ist so einfach, darin verloren zu gehen. Auf der *Sea-Watch 3* haben wir viel Equipment, das uns im Notfall retten kann. Vom Schnellboot aus sehen wir nur noch Wellen und Wind, und dann treffen wir auf einmal mitten im Meer auf ein Schlauchboot voller Menschen knapp einen Meter über dem Wasserspiegel. Kaum einer kann schwimmen, bei starkem Seegang ist die Gefahr besonders hoch, dass der Boden des Schlauchbootes bricht oder eine Kammer des Schlauchs reißt. Und die Rettung ist dann auch schwieriger, weil die Menschen natürlich noch mehr Panik haben. Die Kanister mit dem Benzin, das ihnen mitgegeben wurde, haben manchmal keine Deckel, und wenn das Boot kentert, läuft das Benzin unmittelbar um die Menschen herum ins Meer. Nur ein kleiner Schluck von diesem Gemisch, in dem man zu schwimmen versucht, und man wird ohnmächtig und ertrinkt. Die Leute sitzen auf dem Rand, in der Mitte schwangere Frauen, kleine Kinder. Wenn ich das sehe, wird mir jedes Mal wieder bewusst, wie riskant das ist. Wie groß muss die Not sein, dass man diese Gefahr in Kauf nimmt? Wenn man am Strand ist und das Schlauchboot bereitsteht zur letzten Etappe, hat man keine Wahl mehr, manche werden auch gezwungen einzusteigen. Und wenn ich dann von bestimmten Politikern höre, so ein Boot wäre doch seetauglich oder die Menschen machten das schließlich freiwillig ... Das ist so zynisch, da denke ich mir, die müssten mal mit rauskommen und das am eigenen Leib erleben.«

Wie muss es sein, auf einem billig hergestellten, überladenen Schlauchboot zu sitzen, den Naturgewalten ausgesetzt, während die provisorisch eingeschraubten Holzplanken im Boden permanent gegen die Luftschläuche reiben, bis diese kaputtgehen? Wie fühlt man sich in so einem Boot ohne nautische Crew, ohne Rettungswesten, ohne Wasser, wenn man darin nicht einmal genug Treibstoff für den nächsten Tag hat? Was geht einem durch den Kopf, wenn man nicht schwimmen kann und das Boot leckschlägt und zu sinken beginnt?

Niemand würde ein solches Boot besteigen, wenn die Gefahr bestünde, dass er oder sie bei der Überfahrt stirbt. Und diese Gefahr ist nicht gering, denn es sind kaum noch Schiffe draußen, die zu Hilfe kommen können. Die Marinemissionen der EU, die italienische Küstenwache und die europäische Grenzschutzagentur Frontex sind weg. Wir privaten Seenotretter sind allein. Und wir können nicht überall gleichzeitig sein, insbesondere weil die europäischen Behörden unsere Arbeit immer mehr erschweren.

Wie viele Bootsunglücke es im zentralen Mittelmeer vor Libyen in den letzten Jahren gegeben hat, weiß niemand. Die Zahlen, die wir lesen, beziffern meist nur die Leichen, die aus dem Wasser gefischt wurden oder in Libyen und Tunesien an Land gespült werden. Die Dunkelziffer, die Zahl derjenigen, die für immer versinken und nicht im Wasser treibend geborgen oder an einer Küste angeschwemmt werden, ist um ein Vielfaches höher. Das Flüchtlingshilfswerk der Vereinten Nationen spricht von mehr als 18 000 Toten und Vermissten auf der Flucht im Mittelmeer seit 2014. Auch meine Crew fand auf einigen Missionen nur noch Leichen.

Die schlimmste Sorge der Geretteten ist, dass sie nach Libyen zurückmüssen, wo sie zuletzt gefangen waren. Es gibt viele Berichte von Rettungsaktionen, bei denen die Menschen einfach aus dem Schlauchboot sprangen und ertranken, wenn die libysche Küstenwache ins Spiel kam. Sie hatten panische Angst davor, die Libyer könnten sie wieder mit zurücknehmen und in eins der Lager stecken. Einem an die Presse geleakten verschlüsselten Telegramm der deutschen Botschaft in Niger zufolge beschrieben Diplomaten, die sich ein Bild von der Lage machen konnten, »KZ-ähnliche Verhältnisse« und »allerschwerste, systematische Menschenrechtsverletzungen«. Was sie im Lager erlitten haben, kehrt für viele in den Tagen und vor allem in den Nächten hier an Bord traumatisch zurück. Sie schmoren in ihrer Erinnerung wie in dieser Hitze.

Dennoch müssen sie so lange bei uns an Bord ausharren, dass ihre Situation sich weiter verschlimmert. Keinem Europäer, keiner Europäerin würden unsere Regierungen das zumuten.

Stammten diese Menschen aus Deutschland, Frankreich oder Italien, wären sie längst an Land. Unsere Passagiere würden in Talkshows sitzen, der Moderator würde sie fragen, wie es ihnen ergangen sei und wem sie Versäumnisse vorwerfen. Sie würden großen Magazinen Interviews geben, Bücher schreiben. Und es gäbe einen Aufschrei in der Gesellschaft, wie man nur dulden könne, dass Menschen solche Zustände auf der Flucht und in den Lagern ertragen müssen.

Aber unsere Passagiere haben offensichtlich nicht die passende Hautfarbe, sie sind zufällig nicht in unseren Breitengraden aufgewachsen. Diesen Menschen mutet man zu, auf einem Schiff zusammengepfercht in der Hitze ausharren zu müssen. Weil sie nicht in einem reichen Land geboren wurden. Weil sie nicht den richtigen Pass haben. Niemand möchte sich mit ihnen abgeben.

Erst wenn Menschen an Bord akut bedroht sind, gibt es ein Notrecht, in einen Hafen einzulaufen. Es gilt, selbst wenn ein Staat wie Italien seine Häfen für solche Schiffe schließt.

An Tag 16 bin ich wieder kurz davor, von diesem Recht Gebrauch zu machen. Wie in den zwei Tagen zuvor auch, an denen uns die Behörden immer wieder aufgehalten haben und vertrösteten, die europäischen Staaten seien einer Lösung nah.

Noch hoffen wir, dass sie den Hafen freiwillig öffnen.

Währenddessen hat diese Fahrt international Schlagzeilen gemacht. Die Welt schaut auf das Schiff vor Lampedusa wie wohl auf keine der vielen privat unternommenen Rettungsmaßnahmen zuvor. Es liegt an der aktuellen politischen Lage. Der Innenminister hat mit seiner rechtsnationalen Partei ein neues Dekret durchgebracht, das zivilen Rettungsschiffen die Einfahrt in die Territorialgewässer verbietet. Das bringt uns als Seenotretter in eine schwierige Lage, denn gegen alle, die zuwiderhandeln, wird wegen Beihilfe zu illegaler Einwanderung ermittelt, ihnen werden hohe Strafen angedroht. Dass sich die Welt plötzlich wieder für Seenotrettung interessiert, liegt auch daran, dass der betreffende Minister gerne und viel twittert und dass ich eine junge Frau bin und Kapitän.

Es liegt nicht an dem eigentlichen Skandal.

Dass diese Menschen hier festsitzen, dass man sie behandelt wie Menschen zweiter Klasse.

Es ist Rassismus, nichts anderes.

In der Öffentlichkeit wird mit der Seenotrettung oft umgegangen, als handelte es sich um eine Meinungsfrage. Das ist grundlegend falsch.

Artikel 98 des Seerechtsübereinkommens der Vereinten Nationen legt fest, dass jeder Kapitän dazu verpflichtet ist, Schiffbrüchigen Hilfe zu leisten, wenn das vernünftigerweise von ihm erwartet werden kann.

Seenot liegt nach gängiger Auffassung vor, wenn die Gefahr besteht, dass Besatzung und Passagiere eines Bootes ihr

Leben verlieren. Es spielt keine Rolle, warum dieses Boot in Seenot geraten ist.

Seenotrettung ist eine völkerrechtliche Pflicht, sie findet sich in vielen Vorschriften im Bereich des Seerechts wieder. Im Seerechtsübereinkommen von 1982 etwa ist festgelegt, dass Staaten dazu verpflichtet sind, eine Seenotrettung einzurichten.

Gerettet haben wir mit unserem Schiff in internationalen Gewässern, in der libyschen Search-and-Rescue-Zone, die sich bis 70 nautische Meilen vor der Küste erstreckt. Da es in Libyen keinen sicheren Hafen gibt, sind wir Richtung Lampedusa gefahren, weil der Staat, unter dessen Flagge die *Sea-Watch 3* fährt, keinerlei Anweisungen gegeben hat. Die italienische Insel ist der nächste sichere Hafen, deswegen müsste man die Geretteten eigentlich dort aufnehmen. Um die italienischen Hoheitsgewässer herum befindet sich die Search-and-Rescue-Zone von Malta, deshalb fragten wir auch Malta nach einem Hafen, sie lehnten sofort ab.

Ob ein Fall von Seenot vorliegt, prüfen wir natürlich, bevor wir Menschen an Bord nehmen. Aber der Fall ist in der Regel schon bei Sichtung eines Flüchtlingsbootes klar: Allein die Untauglichkeit der Boote für eine Fahrt über das offene Meer bedeutet für die Flüchtenden eine gefährliche Notlage, auch gibt es so gut wie nie Rettungswesten, Wasserrationen oder Navigationsausrüstung. Die Menschen in einem solchen Boot sind akut in Lebensgefahr, deshalb nehmen wir sie an Bord.

Immer wieder wird behauptet, wir Retter auf unserem Seenotrettungsschiff wären dafür verantwortlich, dass die Menschen sich überhaupt erst aufs Meer trauen – man spricht dabei vom sogenannten Pull-Effekt. Es sind die gleichen Vorwürfe, die schon der italienischen Küstenwache gemacht wurden, als sie die Seenotrettung übernahm. Die Seenotrettung durch NGOs begann erst, nachdem bereits mehrere Zehntausend Menschen im Mittelmeer ertrunken waren. Inzwischen gibt es eine Studie dazu, in welchem Verhältnis die Zahl der an der libyschen Küste ablegenden Boote zu denen der Rettungsschiffe steht, die draußen sind. Die Behauptung, dass mehr Boote ablegen, wenn Rettungsschiffe vor der Küste sind, wurde dadurch statistisch widerlegt. Fest steht hingegen, dass mehr Menschen sterben, wenn weniger Schiffe zur Rettung da sind. Auch wenn kein Schiff draußen ist oder vielleicht nur ein Schiff, legen trotzdem Boote ab.

Viele regen sich auch darüber auf, dass wir die Menschen in europäische Häfen bringen, nicht nach Libyen oder Tunesien. Was als sicherer Hafen gilt, kann aber nicht vom Pass oder der Herkunft einer Person abhängen. Menschen in Libyen abzusetzen ist sogar verboten: Es verstößt gegen das Völkerrecht, jemanden in einen Krisenstaat zurückzubringen, in dem ihm Folter und Tod drohen. In Tunesien sind die Menschen wiederum ungeschützt. Dort gibt es kein Asylsystem, das Personen Sicherheit garantiert, denen in ihrem Heimatstaat aufgrund ihrer politischen Haltung oder sexuellen Orientierung Verfolgung droht. Auch europäische Behördenschiffe bringen niemals Menschen nach Libyen oder Tunesien. Tunesien erlaubt zudem nicht so einfach, dass wir in ihre Hoheitsgewässer einfahren, nicht einmal zum Tanken. Sie wollen sich nicht von Europa zum Abladehafen machen lassen. Uns auf der *Sea-Watch 3* wäre am liebsten, wir könnten die Schiffbrüchigen sofort an Ort und

Stelle einem europäischen Behördenschiff übergeben, das sie in einen sicheren Hafen bringt; wir könnten dann nach einem Einsatz schneller wieder zum Retten von Menschenleben hinausfahren. Dass uns sichere Häfen verschlossen bleiben und wir bis zu einer endgültigen Lösung lange warten müssen, kostet in jedem Fall viele Leben.

In Parlamenten und in Talkshows wird viel darüber diskutiert, wer retten soll und warum. Währenddessen sterben immer mehr Menschen. Laut der Internationalen Organisation für Migration (IOM) ist die europäische Südgrenze im Mittelmeer für Migranten und Flüchtlinge die gefährlichste Grenze der Welt. Statt zu helfen, wird auf der sicheren Seite dieser Grenze lieber diskutiert, welche Gründe erheblich genug sind, dass jemand seine Heimat verlässt. Ganz so, als würden wir als Industrienationen dafür keine Mitverantwortung tragen.

Wir stellen die falschen Fragen.

Bei der Seenotrettung geht es nicht darum, wer gerettet wird. Es geht darum, dass Menschen zu ertrinken drohen.

Der Schriftsteller Heinrich Böll hat die *Cap Anamur* unterstützt, deren Crew Anfang der 1980er-Jahre vietnamesische Boatpeople rettete. Und er hat schon damals keinerlei Abstriche gegenüber der moralischen Verantwortung gelten lassen: »Ich bin der Meinung, dass man Menschenleben retten soll, wo man sie retten kann. Und keine Institution, die Leben zu retten vermag, darf auf offener See Selektion betreiben. Das hieße ja, Menschen willkürlich zum Tode zu verurteilen«, so der Literaturnobelpreisträger 1981 gegenüber dem *Spiegel*.

Es steht auch für mich außer Frage, dass Migranten und Geflüchtete gerettet werden müssen. Es muss gefragt werden, warum sie sich überhaupt in diese Boote setzen, um nach Europa zu gelangen. Und da man sie hier nicht haben möchte, heißt es von den Regierungen so schön, man müsse die Fluchtursachen bekämpfen. Aber dazu müssten sie ein System ändern, von dem sie selbst profitieren.

Ein System, dessen Machtstrukturen seit der Kolonialzeit bestehen.

Und das mit unseren Werten im Grunde nicht vereinbar ist.

Die Gier nach Wohlstand und stetigem Wachstum hat die Industrieländer seit jeher dazu veranlasst, sich der Länder und Menschen in ärmeren Regionen der Welt zu bedienen. In der Kolonialzeit wurden diese ihrer politischen, ökonomischen und kulturellen Selbstständigkeit beraubt; das für jeden sichtbarste Zeichen sind die willkürlichen Grenzziehungen, die bis heute Konflikte zur Folge haben. Die wirtschaftliche Hegemonie geht weiter: Monokulturen werden angelegt, die den Boden auslaugen, Pestizide und Kunstdünger erfordern. Sie sorgen für zunehmende Versteppung und die Ausbildung von Wüsten, verschlechtern die gesamte Bodenbeschaffenheit und Artenvielfalt. Der Lebensraum Wald geht verloren, Indigene Völker werden vertrieben. Vielfach besetzen diese Monokulturen dringend benötigte Flächen für den Anbau von Grundnahrungsmitteln für die einheimische Bevölkerung. Länder, die sich auf wenige Agrarprodukte verlegen, sind stärker abhängig vom Weltmarkt. Im Fall von Kaffee oder Kakao werden Preise oft von Spekulanten bestimmt, es handelt sich um krisenanfällige Exportgüter.

Viele Länder des Globalen Südens sind bis heute von den Machtstrukturen aus der Kolonialzeit geprägt. Weil ihre Wirtschaft auf den Export von Rohstoffen ausgelegt ist und ihre Märkte mit billigen Fertiggütern und Agrarprodukten aus den Industrieländern überschwemmt werden, sind sie diesen nach wie vor ausgeliefert. Sie werden dazu gezwungen, Freihandelsabkommen zu unterzeichnen, die Einfuhrzölle untersagen. Sie sind Abladeplätze für unseren Müll. Schließlich müssen sie wegen ihrer Verschuldung Fischereirechte verkaufen, sodass ihre eigenen Fischereibetriebe zerstört werden.

Wenn es um Bootsflüchtlinge geht, müssen wir zuerst über globale Ungerechtigkeit reden: Der Wohlstand weniger Länder, multinationaler Unternehmen und reicher Personen basiert auf der Arbeitsleistung und den Bodenschätzen armer Länder ohne eigene Perspektive. Die Industrienationen in Europa und andernorts tragen an Bürgerkriegen und wirtschaftlicher Not, an Ausbeutung und Misshandlung eine hohe Mitverantwortung – mehr noch, sie verdienen daran. Wir leben in einer globalisierten Welt, und wir in den Ländern Europas gehören zu den wenigen, die davon profitieren.

Unser Elektroschrott wird auf Schiffen nach Ghana exportiert, unsere T-Shirts kommen aus Fabriken in Billiglohnländern wie Bangladesch, die Rohstoffe für unsere Handys aus dem Kongo, wo Kobalt und Coltan unter unmenschlichen Bedingungen teils von Kindern geschürft werden. Unsere Lebensweise hat direkte Auswirkungen auf den Alltag von Menschen im Globalen Süden, sie bringt ihnen Krankheit, Umweltverschmutzung und Arbeit ohne Sozialversicherung. Mit unserem Energiehunger und den daraus entstehenden Emissionen zerstören wir sogar das Klima, und das wirkt sich zuallererst und massiv in den Ländern aus, die am wenigsten dazu beigetragen haben, dass der Planet sich erwärmt. So fördern wir wiederum die globale Armut – und schaffen Fluchtgründe.

Solange dieses Wirtschaftssystem weiter so massive soziale Ungleichheit erzeugt und die Natur in fast allen Gegenden der Erde ausgebeutet wird, werden Menschen ihr Leben Booten anvertrauen, in die sich garantiert niemand freiwillig hineinwagen würde. Und darum ist es keine »Flüchtlingskrise«.

Es ist eine Krise der globalen Gerechtigkeit.

Und in dieser Krise stehen unsere europäischen Werte auf der Kippe.

Die Werte, auf denen die Gemeinschaft der europäischen Staaten gründet, lesen sich in verschiedenen Deklarationen – von internationalen Menschenrechtsabkommen über die Grundrechtecharta der Europäischen Union bis hin zum deutschen Grundgesetz – so wohlformuliert, dass ich jedes Wort unterschreiben könnte. Sie sind nur leider, das zeigt auch unsere aktuelle Rettungsmission mit der *Sea-Watch 3*, das Papier nicht wert, auf dem sie gedruckt stehen.

Zwei Wochen sind wir jetzt hier auf dem Meer. Wie mit uns verfahren wird, widerspricht allen Werten, die die EU für sich reklamiert. Die Gründe, aus denen sie so harsch verfährt, sind wirtschaftliche, und sie zeigen ganz deutlich, dass hier eine Wirtschaftsgemeinschaft mit ihren Werten ringt.

Der Schriftsteller Ilija Trojanow bezeichnete die Europäische Union in einem Vortrag deswegen jüngst als Dr. Jekyll und Mr. Hyde. Immer wieder halten europäische Politiker in der Rolle des Dr. Jekyll flammende Reden für Menschenrechte und auch gegen die Zerstörung der Natur. »Wenn es um Geld geht, um ›unseren‹ Wohlstand«, so Trojanow, »reckt

Mr. Hyde sein hässliches Haupt und sabotiert den Kampf um Menschenwürde und gutes Leben für alle.«

Schon die Solidarität unter den europäischen Staaten scheitert – und zwar ebenfalls am Geld.

Durch das Dublin-III-Abkommen, das Menschen in Not verpflichtet, in dem europäischen Land Asyl zu beantragen, das sie zuerst betreten haben, lastet das gesamte Gewicht auf Südeuropa. Länder wie Italien, Malta oder Griechenland werden von der Europäischen Union mit den Geflüchteten alleingelassen. Malta und Italien haben die Erfahrung gemacht, dass verschiedene Staaten die Aufnahme von Asylantragstellern zwar zusagten, es dann aber Wochen oder Monate dauerte, bis sie abgeholt wurden.

Italien gründete seine staatliche Rettungsmission, Mare Nostrum, kurz nachdem am 3. Oktober 2013 unweit des Ankerplatzes, an dem wir jetzt liegen, Feuer auf einem rostigen Fischkutter ausbrach, auf dem sich etwa 545 zumeist aus Eritrea und Somalia geflüchtete Menschen befanden. 366 von ihnen starben. Militärtaucher, die diese vielen Leichen bergen mussten, erlitten schwere Traumata. Die Leichensäcke wurden an der Hafenmole von Lampedusa aufgereiht, das löste bei den Inselbewohnern und in ganz Italien einen Schock aus.

Rund neun Millionen Euro kostete Mare Nostrum im Monat, die anderen europäischen Staaten ließen Italien auf den Kosten sitzen und wegen Dublin III allein mit den Geretteten. In der Folge wurde die staatliche Seenotrettung immer weiter zusammengekürzt und 2014 eingestellt. Da es keine staatlichen Rettungsschiffe mehr gab, schickte Sea-Watch 2015 das erste private Seenotrettungsschiff aus Deutschland. Dahinter stand die Idee, die Situation zu beobachten und in Europa stärker in den Fokus zu rücken mit dem Ziel, dass die EU die staatliche Aufgabe der Seenotrettung wieder übernimmt. Sea-Watch forderte sichere Fluchtwege, eine *safe passage*, damit das Mittelmeer nicht zum Massengrab würde.

Diese Forderung ist leider nicht erfüllt worden. De facto gäbe es ohne NGOs wie Sea-Watch keine richtige Seenotrettung mehr im Mittelmeer. Wir übernehmen, was die Staaten unterlassen, weil es an ihrem Wirtschaftssystem rüttelt.

Und dass Libyen keinen sicheren Hafen hat, liegt auch daran, dass Europa im Bürgerkrieg dort eine nicht unwesentliche Rolle spielt – ebenfalls aus wirtschaftlichen Interessen: Libyen verfügt über die größten Erdölvorkommen Afrikas sowie über große Erdgasreserven, und dies weckt offenbar viele Begehrlichkeiten, für die der Verlust von Menschenleben in Kauf genommen wird. Die libysche Bevölkerung wie auch geflüchtete Menschen aus anderen afrikanischen Staaten geraten zwischen die Fronten der seit Jahren andauernden Kämpfe.

Im Bürgerkriegsland Libyen ist die Lage aufgrund wechselnder Allianzen und der undurchsichtigen Ziele der Akteure inzwischen einigermaßen unübersichtlich. Es fällt aber auf, dass gerade Frankreich, Italien und andere westeuropäische Länder sich dort einmischen und Rebellen unterstützen, denn europäische Unternehmen wie der halbstaatliche italienische Ölkonzern ENI, der französische Global Player Total und die deutsche Wintershall (BASF) fördern in Libyen Rohstoffe. Und so ist die Lage auch deswegen kompliziert, weil der abtrünnige libysche Militäroffizier Chalifa Haftar in großen Teilen des Landes wichtige Ölvorkommen kontrolliert, die international anerkannte Regierung unter Fayiz as-

Sarradsch aber Europa mit dem Deal in Sachen Migrationsbegrenzung unter Druck setzt. Ein Deal zu unmenschlichen Bedingungen:

Die EU-Mitgliedstaaten entsenden inzwischen keine Militärschiffe für die Seenotrettung mehr ins Mittelmeer. Stattdessen werden Geflüchtete nur noch aus der Luft beobachtet. Mit Steuergeldern finanziert die Europäische Union eine libysche Küstenwache, die aus Milizen hervorgegangen ist und Menschen zurückbringt in ein Bürgerkriegsland, wo sie schwere und systematische Menschenrechtsverletzungen erleben: Entführung, Folter, sexuelle Gewalt. Zeitgleich mit dem Abzug der Schiffe in EUNAVFOR MED perfektioniert die Europäische Grenzpolizei Frontex die Überwachung des Mittelmeers. Über 100 Millionen Euro fließen in Überwachung mit Satelliten und unbemannten Drohnen. Das Mittelmeer ist damit wahrscheinlich das am besten überwachte Seegebiet weltweit. Der »Burggraben« der Festung Europa wird auf diese Weise zum Testfeld für neue Technologien zur Migrationsabwehr auf Kosten von Geflüchteten, ohne dass es hierzu einen öffentlichen Aufschrei gibt.

All das dient der Abschottung, nicht dem Retten von Menschenleben. Die Todesrate unter Menschen, die es wagen, das Mittelmeer zu überqueren, hat sich in der jüngsten Vergangenheit deutlich erhöht. Mit dem, was meine Crew und ich hier im Mittelmeer tun, setzen wir ein Zeichen dafür, dass nicht zur Debatte steht, ob man Menschen in Seenot retten soll oder nicht.

Wie jeder Kapitän bin ich zum Retten verpflichtet. Gleichgültig, ob es Seeleute oder Geflüchtete sind, gleichgültig, woher jemand kommt und wohin er oder sie will. Niemand, der zur See fährt, zweifelt das an. In Seenot geratenen Booten und Schiffen Hilfe zu leisten ist für jeden draußen auf dem Wasser nicht nur elementare Verpflichtung, es ist ein Ausdruck seiner Menschlichkeit. Sollte ich für meine Entscheidung ins Gefängnis müssen, würde ich mit reinem Gewissen gehen. Weil ich nichts Falsches, sondern in einem menschenverachtenden System das einzig Richtige getan habe.

Letztlich verteidige ich damit Werte, die für uns alle gelten, Werte, die angesichts immer rigiderer Abschottung zusehends verfallen.

Es ist eine relativ einfache Frage, der wir gegenüberstehen: Wollen wir Menschen, die unsere Hilfe suchen, sterben lassen oder ihr Leben retten?

Für meine Generation, diejenigen, die noch etwas länger auf diesem Planeten bleiben, geht es aber auch um eine viel größere Frage: Wie wollen wir in Zukunft mit Menschen umgehen, die auf der Flucht sind – und wie wollen wir, dass mit uns umgegangen wird?

Es scheint mir gerade jetzt in Zeiten des Umbruchs wichtig, daran mitzuwirken, wie unsere zukünftige Gesellschaft aussehen soll. Schon jetzt wehren sich Staaten, die sich traditionell als Einwanderungsland verstehen und deren Gründerväter Auswanderer waren, mit unmenschlichen Mitteln gegen Migration. Man muss da nicht nur an die USA denken, die sich gegen illegale Zuwanderung über die Grenze zu Mexiko abschotten. Australien etwa sperrt sie im Rahmen seiner »pazifischen Lösung« in Lager auf den Inseln Manus und Nauru, damit sie auf dem Festland keinen Asylantrag stellen können. Diese Form der Freiheitsberaubung geht einher mit unzureichender medizinischer Versorgung, katastrophalen hygienischen Zuständen, Vergewaltigungen und

Überfällen vonseiten der Einheimischen. Die Menschen dort leben ohne jede Privatsphäre und unter würdelosen Umständen, die Todesfälle, Selbstverletzungen und Suizidversuche zur Folge haben.

Es ist gar nicht so lange her, da war Flucht und Vertreibung das Schicksal zahlloser Menschen aus vielen Ländern Europas. Wir müssen nur einige Jahrzehnte zurückgehen zu unseren Großeltern und Urgroßeltern, von denen viele Flüchtlinge aus den verlorenen deutschen Ostgebieten waren. Oder noch etwas weiter zurück zur Auswandererwelle nach Amerika, die durch eine große Hungersnot während des 19. Jahrhunderts in Irland ausgelöst wurde, bei der eine Million Menschen starben und eine weitere Million das Land verließen und ihr Glück in Übersee suchten. Menschen flohen vor Kriegen und Verfolgung, weil sie Juden oder politisch Andersdenkende waren oder »ethnischen Säuberungen« zum Opfer fielen. Heute verlaufen die Fluchtbewegungen in Richtung Europa, auf diese Wohlstandsinsel zu, die sich abschottet wie gegen einen Feind. Dabei erleben wir erst den Anfang viel größerer Migrationsbewegungen aus ganz anderen Ursachen.

Nach allen wissenschaftlichen Erkenntnissen und aufgrund der Tatsache, dass die Emissionen weltweit ungebremst weiter steigen, wird sich das Erdklima weiterhin massiv erwärmen. Dies wird zum Ausfall von Ernten, zu Trinkwasserknappheit führen, die ihrerseits wiederum soziale Konflikte verstärken. Nahrungsmittelknappheit und kriegerische Konflikte werden viele Menschen zur Flucht zwingen, meist innerhalb ihres Heimatlands, denn viele Menschen können schon aus finanziellen Gründen keine weiten Distanzen zurücklegen. Nur ein Bruchteil der Menschen, die in ihrer Heimat nicht mehr bleiben können, überquert internationale Grenzen.

Wenn die Klimakrise sich verschärft, müssen sich ungleich mehr Menschen einen neuen Wohnort suchen. Und dann ist das, was ich im Mittelmeer gesehen habe, nur ein Vorgeschmack auf das, was in Zukunft Millionen droht.

Wir sind die vielleicht letzte Generation, die das noch verhindern kann. Wir müssen den Überkonsum von Ressourcen beenden und der globalen Ungerechtigkeit und dem Verfall der Menschenrechte etwas entgegensetzen. Wir können damit nicht länger warten, nicht darauf, dass die Staaten sich selbst verpflichten, nicht auf die nächste Klimakonferenz, bei der wieder nur geredet und nichts entschieden wird.

An Bord der *Sea-Watch 3* erleben wir im Kleinen ein genaues Abbild dieser Situation. Es ist Zeit zu handeln, die Menschen, die ich an Bord habe, müssen in Sicherheit gebracht werden. An Tag 16 nach der Rettung kann ich nur nicht mehr an das Verantwortungsbewusstsein der Politiker und Behörden glauben. Die Regierungen finden zu keiner gemeinsamen Lösung. Verschiedene deutsche Städte haben angeboten, unsere Geflüchteten aufzunehmen. Innenminister Horst Seehofer wollte, dass die Flüchtlinge wegen Dublin III in Italien registriert werden. Italien hat sich dagegen gewehrt. Die Parlamentarier, die gestern zu uns an Bord gekommen sind, sagten, es würde sich bald etwas bewegen.

Weil wir ihnen glaubten, fuhren wir weiter langsam auf und ab. Jetzt liegen wir vor Anker.

Wir hängen fest, weil wir uns auf sie verlassen haben.

Auf die Guardia di Finanza und die Küstenwache, auf europäische Gesetze und Dekrete, auf die Flüchtlingskonvention der Vereinten Nationen, auf die Regierungen und die Minister.

Nichts geschieht.

Selbst der Europäische Gerichtshof für Menschenrechte, den wir während unserer Fahrt um Hilfe ersuchten, hat entschieden, dass Italien nicht für uns verantwortlich sei, weil wir uns zu dem Zeitpunkt noch außerhalb seiner Hoheitsgewässer befanden und man keine akute Gefahr mehr für die Menschen an Bord sah.

Wir schwitzen hier, weil andere, die in klimatisierten Büros sitzen, die Entscheidung treffen, nichts zu tun. Jede Minute könnte ich einen erneuten Notfalltransport brauchen wie bei dem Patienten, der gestern zusammen mit seinem Bruder abgeholt wurde.

Meine Crew und ich befürchten, dass die Stimmung kippt. Die Leute sind verzweifelt, die letzte Nacht war durch den erneuten Notfalltransport ein Horror. Übermüdet und erschöpft teilten wir doppelt so viele Wachen ein, sogar die Parlamentarier an Bord, um rechtzeitig eingreifen zu können, falls jemand vor Verzweiflung etwas Unüberlegtes tun würde.

Sich das Leben nehmen.

Ins Wasser springen und zur Küste zu schwimmen versuchen.

Was mehr oder weniger aufs Gleiche rauskommt in dem erschöpften Zustand, in dem die Geflüchteten sind. Unser medizinisches Team und Lorenz, unser Gästekoordinator, sind sehr besorgt.

Einen anderen Hafen anzusteuern, dafür ist es längst zu spät.

Soll ich warten, bis ein weiterer Notfall passiert?

Riskieren, dass jemand stirbt?

Der Tag zieht sich wie altes Kaugummi, das in der Sonne noch einmal zäh wird. Die Stimmung ist angespannt. Nachmittags kommen endlich die Zollpolizei und die Küstenwache an Bord und sichern stundenlang Beweise wegen des Vorwurfs der Beihilfe zur illegalen Einreise. Sie kopieren die Fotos und Videos der Rettung und unseren kompletten E-Mail-Verkehr. Als sie nach fünf Stunden gehen, sagen sie erneut, ich solle warten.

Noch habe ich Hoffnung. Spätabends erreicht uns die Nachricht, dass der Staatsanwalt das Schiff nicht beschlagnahmen wird, obwohl die Untersuchung eingeleitet wurde, sodass die Verantwortung für die Geflüchteten weiter bei mir liegt. Es ist vollkommen klar: Hoffnung hat mir nichts genützt, und den Geflüchteten auch nicht. Wir sind wieder genau dort wie vor zehn Tagen, außer dass es den Menschen an Bord nun schlechter geht.

Ich muss abwägen, welche Möglichkeiten mir jetzt bleiben. Soll ich mich über das Verbot hinwegsetzen und einfach in den Hafen einfahren?

Noch einmal denke ich darüber nach, was Lorenz und Victoria über den Zustand unserer Gäste berichtet haben. Ohne jeden Zweifel ist mir das Wohl der Menschen, die wir jetzt an Bord haben, wichtiger als die Frage, ob das Schiff für zukünftige Missionen einsetzbar ist. Persönliche Konsequenzen folgen erst an dritter Stelle. Es ist mir egal, ob sie mich festnehmen, die Lage ist zu kritisch.

Dies ist keine Entscheidung, die ich spontan treffe, wie vielleicht jemand denkt, der das später in den Nachrichten sieht. Ich habe die Optionen lange abgewogen. Aber wir haben alle politischen und juristischen Möglichkeiten ausgeschöpft. Es gibt keine Aussicht, dass uns kurzfristig doch noch jemand hilft. Das Auswärtige Amt hatte unserem Büro kurz zuvor mitgeteilt, dass Italien aktuell die politische Lösung doch wieder blockiert. Wir stehen mit dem Rücken zur Wand.

Ich berufe ein Crewmeeting ein, um meine Entscheidung mitzuteilen, die aus meiner Sicht unvermeidlich ist. Als wir uns in der Brücke treffen, ist es 23 Uhr. »Eine weitere Nacht will ich nicht riskieren«, sage ich. »Wir sind an einem Punkt, wo wir nicht mehr sicher sagen können, wie die Leute reagieren oder ob sie nachts doch über Bord springen. Wir haben trotz aller Versprechungen keinerlei Zusage der Behörden, dass sie die Anlandung bald erlauben, im Gegenteil: Die Gespräche zwischen Italien und den anderen EU-Staaten stocken wieder.«

Alle wissen: Damit sind zwei der roten Linien überschritten, die wir zu Beginn unserer Fahrt gezogen haben. Die eine ist Suizidgefahr, die andere der Verlust der Kontrolle über das, was an Deck geschieht. »Also habe ich entschieden, in den Hafen zu fahren.«

Ich tue, was getan werden muss, weil andere nichts tun wollen.

Ich höre auf zu hoffen.

Es ist Zeit zu handeln.

2
Ein Gebot der Humanität

Draußen reden einige Leute, während ich mich noch mal über die Hafenkarte beuge. Sie bereiten an Deck alles vor, damit wir nachher anlegen können. Es dauert ziemlich lange, bis ich endlich das Starten der Ankerwinde in der Brücke höre.

Bereit. Ich rufe den Hafen über Funk, der nicht antwortet, weil nachts niemand da ist, dann gebe ich die Anweisung, den Anker zu hieven, um endlich loszufahren. Wird auch Zeit, es ist schon nach Mitternacht. Minuten verstreichen, dann meldet mir Dan, unser Bootsmann, über Funk, dass der Anker sich in einem alten Fischernetz verhakt hat. Wir brauchen etwa eine halbe Stunde, bis wir endlich frei sind.

Als ich gerade losfahren will, kommt unser Leitender Maschinist Sören auf die Brücke, eine schwarze Cap mit verschiedenen bunten Buttons über den dunkelblonden Haaren, die er im Irokesenschnitt trägt, breite Koteletten, Overall.

»Das Bugstrahlruder spinnt«, meint er. »Läuft aber gleich wieder.« Er verschwindet wieder nach unten.

Auch das noch. Murphy's Law, alles geht heute schief.

Das Bugstrahlruder ist ein Antrieb unter der Wasserlinie, der das Manövrieren im Hafen erleichtert. Ihn zu reparieren wird unsere Abfahrt verzögern, und wer weiß, was noch alles passiert.

Doch zehn Minuten später klingelt das Telefon, wir können endlich los.

Ich habe vor dem Crewmeeting Kaffee getrunken, um mich wach zu halten, und ich habe seit Tagen zu wenig geschlafen, weil ich ständig wegen Fragen und Problemen geweckt werde.

Ich bin ruhig und konzentriert. Der Crew habe ich den Eindruck zu vermitteln versucht, dass alles Routine sei an dieser Hafeneinfahrt. Was unten an Deck bei den Geretteten stattfindet und was ihnen gerade durch den Kopf geht, kann ich nur ahnen. Sie mussten auf das Bootsdeck umziehen, weil wir das Hauptdeck zum Anlegemanöver brauchen.

Um Mitternacht haben Lorenz und die anderen sie zusammengerufen und erklärt: »Der Moment, auf den wir gewartet haben, ist da. Wir fahren jetzt in den Hafen. Packt eure Sachen.«

Später erzählt er mir von der seltsam gedrückten Stimmung an Bord nach dieser Eröffnung. »Ich hatte Jubel erwartet und einen Moment, in dem wir uns alle gemeinsam freuen können. Ein paar haben sich auch gefreut, aber es herrschte dann auch eine sehr gedrückte und traurige Stimmung. Wir konnten das aus Zeitgründen nicht besprechen, aber ich glaube, dass es an der Ungewissheit lag, sich von einem sicheren Ort zu verabschieden und nicht zu wissen: Was erwartet uns in Europa?«

Die Lichter des Hafens von Lampedusa kommen näher, der Schein der Laternen spiegelt sich im nachtschwarzen Wasser des Hafenbeckens.

Die Luft auf der Brücke ist kühl von der Klimaanlage, es ist einer der wenigen Räume an Bord, wo es eine gibt. Hier drin ist es so dunkel wie draußen, nur ein paar grüne und rote Lichter der Anzeigen sind zu sehen. Weil es tagsüber so warm war, trage ich immer noch ein schwarzes Spaghettitop, habe die Dreads zu einem Knoten hochgebunden.

Das Zollboot kreuzt vor uns, um die Einfahrt zu verhindern, der Sprechfunk knistert, wann immer sie mir durchgeben, dass ich keine Erlaubnis habe, in den Hafen einzufahren. Wir fahren sehr langsam, halten aber weiter Kurs.

Es gibt nur einen einzigen Liegeplatz in dem kleinen Hafen, an dem die *Sea-Watch 3* Platz findet. Da müssen wir hin.

Weil die Insel so klein ist, liegt der Hafen genau in der Einflugschneise des Flughafens. Wenn die Fähre oder Schiffe von unserer Größe anlegen wollen, muss der Flughafen geschlossen sein. Aus diesem Grund habe ich schon vor Tagen gesagt, dass wir, falls notwendig, nachts reinfahren, wenn sowieso kein Flugbetrieb stattfindet.

Als ich das Schiff drehe, um anzulegen, legt sich das Zollboot zwischen die Pier und die *Sea-Watch 3*. Sie haben Anweisung vom Innenministerium, uns zu blockieren, wie ich später herausfinde. Ich versetze das Schiff, um hinter sie zu fahren, aber sie bewegen sich ebenfalls zurück und blockieren uns erneut.

Ich gehe raus auf den Brückenflügel, um sie im Blick zu behalten. Unser Schiff liegt fast vollständig gestoppt neben der Pier, dazwischen das Zollboot. Die Zeit scheint einen Moment stillzustehen.

Dann nimmt das Zollboot endlich seine Leinen. Ich sehe den Schraubenstrom, sie fahren weg.

Ich atme auf und gehe in die Brücke hinein, um anzulegen. Da höre ich Stimmen über Funk, wir seien an das Boot gestoßen.

Ich gehe sofort wieder raus: Das Zollboot ist zwischen der

Sea-Watch 3, der Pier und einem großen, schwarzen Fender eingeklemmt, passiert uns dann aber doch und legt sich direkt hinter uns an die Pier.

Ich ärgere mich, dass die Schiffe sich touchiert haben, aber ich muss jetzt anlegen. Ich gehe zurück in die Brücke und manövriere das Schiff an die Pier. Mitglieder unserer Crew geben Leinen zu ein paar Leuten an Land rüber, einige von ihnen kenne ich, sie sind Teil des Flugzeugteams der NGO, bei dem ich letztes Jahr ausgeholfen habe, andere sind Unterstützer aus Lampedusa. Sogar den lokalen Priester erkenne ich.

Wir sind da.

Endlich.

Ich weiß, dass nun der nächste Akt beginnt.

Am Hafen werden Stimmen laut, als ich wieder an die Reling trete. Ich blicke hinüber zu einer Ansammlung von Leuten an der Pier.

Einige Menschen mit Plakaten, die klatschen, ein paar Freunde sind darunter.

Kameraleute und Fernsehkommentatoren, Journalisten und Pressefotografen mit ihren Blitzlichtern und Beleuchtungen.

Eine Handvoll Bürger, Schreihälse unter ihnen. »Schämt euch!«, ruft ein Mann mit kurzen Haaren, eine Frau schüttelt die erhobene Faust und kreischt mit verzerrtem Mund: »Menschenhändlerin, du musst verhaftet werden!«

Und eine Reihe Polizeibeamter, die die Arme vor der Brust verschränkt haben.

Das ganze Drama der Flüchtlingspolitik in Europa auf einer 50 Quadratmeter großen Bühne.

Dann geschieht erst mal gar nichts, denn die Polizei erlaubt uns nicht, eine Gangway an Land zu bringen. Etwa eine Stunde später kommen auf einmal mehrere Zollbeamte an Bord.

»Sie sind verhaftet«, sagt einer.

Wenig später führen sie mich über eine Rampe herunter, dahin, wo die Blitzlichter sind. Ich dränge mich zwischen den Kameras und Mikrofonen durch, die mir die Presseleute entgegenhalten. Momente später steige ich in ein Auto, dessen Tür hinter mir zuschnappt.

Oscar hat später zu mir gesagt, dass es ihn fertiggemacht hat, als wir tatsächlich in den Hafen eingefahren sind. Emotional sei es diesmal anders gewesen als bei früheren Einsätzen, die er schon gemacht hat. Ich selbst bin ruhig, als ich im Auto sitze und davongefahren werde, aber es ärgert mich, dass ich vor den Geflüchteten von Bord muss und nicht sehe, was mit ihnen passiert und ob sie nun endlich an Land gehen können. Ich konnte mich nicht mal verabschieden, nur unser Bootsmann hat es geschafft, mich noch flüchtig zu umarmen, bevor ich von Bord ging. Es ging auf einmal alles sehr schnell. Die Blitzlichter und Rufe nehme ich nicht wahr.

Durch alles, was die zuständigen Stellen getan oder unterlassen haben, wurde mein Handlungsspielraum stetig kleiner. Am Ende hatte ich keine Wahl mehr. Ich musste mich so entscheiden, um die Sicherheit der Menschen zu garantieren. Durch die Einfahrt in den Hafen habe ich ganz einfach meine Pflicht zur Rettung erfüllt. Es ist weder ein Verbrechen noch eine Heldentat.

Ich glaube, dass die meisten Kapitäne so entschieden hätten wie ich, wenn Menschenleben in Gefahr sind. Wahrscheinlich auch Menschen, die noch nie zur See gefahren sind.

Viele hätten vielleicht dennoch Angst vor den Konsequenzen. Ich vermeide Konflikte auch lieber, aber manchmal ist es nicht möglich.

Es fällt mir aber nicht schwer, Verantwortung zu tragen, wenn ich von der Sache überzeugt bin.

In meiner Kindheit und Jugend hat es nichts gegeben, was mich besonders auf diesen Moment vorbereitet hätte. Ich habe einen bürgerlichen, man könnte fast sagen: langweiligen Hintergrund. Aufgewachsen bin ich in einem niedersächsischen Dorf bei Celle, das aus mehreren Siedlungen mit Einfamilienhäusern besteht. Im Zweiten Weltkrieg gab es nahe dem Ort eine Munitionsanstalt, in der Zwangsarbeiter beschäftigt waren.

Es gibt bei uns ein Denkmal, errichtet für die Vertriebenen aus Preußen, Pommern, dem Sudetenland und Schlesien, die hier nach dem Zweiten Weltkrieg eine neue Heimat fanden und den Ort wiederaufbauten. Scheint, als könne man eine interessante Verbindung herstellen zwischen meinem Engagement für die Menschen, die heutzutage ihre Heimat verloren haben, und den Vertriebenen in meiner Heimat. Aber das ist die Vergangenheit vieler Orte in Deutschland, und ich habe nie darüber nachgedacht.

Schon früh war ich gerne in der Natur. Mein Elternhaus liegt am Ende einer Straße, der große Garten grenzt direkt an den Wald. Als Kind bin ich in die Bäume geklettert, je höher, desto besser.

»Kinder spielen halt«, meinte meine Mutter, wenn Freunde sie fragten, wie sie mich so hoch klettern lassen könne. »Ich kann ihr nicht so viel verbieten. Das Leben ist voller Risiken, so ist das eben.«

Meine Mutter ist sehr pragmatisch. Hätte sie ständig unter dem Baum gestanden, zu mir hinaufgeschaut und gebangt, dann hätte ich vielleicht nicht gelernt, meiner eigenen Einschätzung zu vertrauen. Und ich hätte begonnen, an mir selbst zu zweifeln. Das unbeaufsichtigte Klettern hat mein Selbstvertrauen vielleicht bestärkt, bestimmt aber das Gefühl zur Natur, die mich umgab. Ich saß gerne in den schwankenden Wipfeln, meist in einer Lärche, manchmal auch im Kastanienbaum. Das war aber erst einmal alles, was mich mit der Natur verband.

Ich komme aus keinem Ökohaushalt. Mein Vater ist Elektroingenieur und war lange bei der Bundeswehr, später in der Rüstungsindustrie, meine Mutter arbeitet als Buchhalterin. Keiner bei uns isst selbst geschrotetes Müsli, meine Eltern waren mit uns nicht auf Friedensdemos und haben sich in ihrer Jugend, soweit ich weiß, nicht an Gleise gekettet, um Castortransporte zu verhindern. Okay, wir haben keine Plastiktüten benutzt, aßen häufig vegetarisch, aber das war es dann auch im Großen und Ganzen.

Konsum spielte bei uns keine große Rolle, aber das lag auch daran, dass meine Eltern phasenweise nicht viel Geld hatten, denn mein Vater war seit meiner Grundschulzeit immer mal wieder arbeitslos. Es gab Zeiten, da konnten meine Eltern ihre Kredite nicht abbezahlen, es stand auf der Kippe, ob wir das Haus verkaufen müssen. Neue Klamotten hatte ich selten, die Weihnachtsbescherung fiel oft kleiner aus als bei meinen Freunden.

Etwas für andere zu tun, mich zu engagieren, kam mir in der Zeit nicht in den Sinn. Ich war zu sehr mit mir selbst beschäftigt. Ein paar in meiner Klasse hatten eine Ortsgruppe von Greenpeace aufgemacht, aber ich hatte kein Interesse, daran mitzuwirken. Ich zog mich zurück, verbrachte meine Jugend zu großen Teilen vor dem Computerbildschirm. In den drei Jahren bis zum Abitur bestand mein Tag aus Schule, *World of Warcraft* und Schlafen.

Mit einer Spielfigur war ich ein komplettes Jahr online, spielte aber nicht nur, sondern war häufig auch einfach so online, chattete.

Meine Eltern befürchteten damals, ich könnte abdriften, es würde nie etwas aus mir werden. Vielleicht war es nicht die sinnvollste Beschäftigung, aber ich bereue die Zeit nicht. Ein Multiplayergame mit 40 Leuten ist fast wie ein Sportverein, in dem alle um Anerkennung und Plätze im Team konkurrieren. Heute sind e-Sports akzeptierter, aber die echten Aufgaben liegen für mich inzwischen im realen Leben. Als es aufs Abi zuging, hatte ich allerdings nicht die geringste Ahnung, welchen beruflichen Weg ich einschlagen sollte.

Mein Vater wollte gern, dass ich einen Ingenieursberuf ergreife.

»Warum studierst du nicht Politik?«, fragte mich eine Mitschülerin. »Das ist doch was für dich.«

»Wie kommst du darauf?«, erwiderte ich. »Das ist doch absurd.«

Wenn mich heute Journalisten fragen, ob ich jetzt in die Politik gehe, denke ich manchmal an den Vorschlag dieser Schulkameradin. Vielleicht hat sie etwas in mir gesehen, das mir damals noch nicht bewusst war. Zu dem Zeitpunkt wusste ich nur, dass ich etwas tun wollte, bei dem ich das

Ergebnis sehe, ich wollte praktisch arbeiten, auf keinen Fall im Büro sitzen. Lange hatte ich aber keine Ahnung, was das sein konnte.

Irgendwo schnappte ich auf, dass gerade Nautiker gesucht wurden, auch ein Ingenieursberuf, und mir gefiel die Vorstellung, weit weg zu sein, häufig allein zu arbeiten und viele verschiedene Aufgaben zu haben.

Das Studium begann mit einem Praxissemester auf einem gewöhnlichen Frachtschiff, 8000 Container passten darauf. Alle zwei Wochen passierte unser Schiff von Europa aus den Suezkanal auf der Reise bis nach Indien und zurück, eine Rundfahrt dauerte fünf Wochen. Besonders die endlosen Brückenwachen auf offener See fand ich unglaublich langweilig, das ganze System war extrem strukturiert und bot kaum Freiheiten.

Viele Leute an Bord der Schiffe ließen deutlich durchblicken, dass sie lieber zu Hause wären. Gerade zu Weihnachten war die Stimmung schlecht, weil zahlreiche Heimweh hatten. Ich erlebte mit, wie traurig unser Koch war, als er bei der Geburt seines Kindes nicht dabei sein konnte. Andere begannen aus Frust zu trinken, weil das Datum, an dem ihr Vertrag endete und sie das Schiff verlassen durften, ständig verschoben wurde. Wollte ich wirklich weiterstudieren, wenn mein Berufsalltag später so aussah?

Nach dem ersten Theorie-Semester an der Fachhochschule beschloss ich, erst mal ins Ausland zu gehen, um meine Zukunftspläne zu überdenken. Ein Unternehmen in Chile stellte mich als Tourguide auf einer Fähre an, die durch die Fjorde und Kanäle Patagoniens fuhr, eine atemberaubend schöne Strecke, wenn es nicht regnet. Die Fähre passierte immer Puerto Edén. Die winzige Siedlung in einer Bucht besteht nur aus ein paar Häusern, die sich vor der Kulisse aus schneebedeckten Bergen eng aneinanderkuscheln.

Früher lebten 800 Menschen dort, Fischer, aber die *rote Flut*, giftige Algen, die das Wasser rot färben, hatte sich dort ausgebreitet und machte alle Meeresfrüchte ungenießbar, sodass die Bewohner kein Einkommen mehr hatten und viele Leute den Ort verlassen mussten. Rote Algenblüte gibt es an verschiedenen Stellen der Erde, sie hängt mit Temperatur und Windrichtung, mit der Salinität des Wassers zusammen. Oft hat es etwas mit dem warmen Abwasser von Kraftwerken zu tun, andernorts mit El Niño, dem Strömungsverhalten. Als ich in Puerto Edén war, lebten dort nur noch sieben Kawesqar, die Seenomaden und Ureinwohner der patagonischen Kanäle sind, insgesamt war die Bevölkerung der Insel auf 100 Leute geschrumpft.

Mit dem einjährigen Arbeitsvisum für Chile, das die Reederei bezahlt hatte, reiste ich im Anschluss weiter, war in Argentinien und Peru, lernte Spanisch. Als ich zurückkam, wollte ich eigentlich den Studiengang wechseln, aber ein Freund überredete mich, in Nautik einen Abschluss zu machen. Um das möglichst schnell zu erledigen, füllte ich meinen Stundenplan mit dem Versäumten auf, belegte doppelt so viele Kurse und Prüfungen, um die verlorene Zeit aufzuholen.

Das zweite Praxissemester verbrachte ich auf einem Schiff, das dem Bundesministerium für Bildung und Forschung gehört. Auf *der Meteor* arbeiten Wissenschaftlerinnen und Forscher verschiedener Fachrichtungen von Ozeanografie über Meeresbiologie bis zu Sedimentologie. Die Arbeit der Nautiker war viel interessanter als auf dem Containerschiff, die Sozialstruktur durchmischter, und alle waren durchdrungen vom Forschungsgedanken. Ich wurde einem ehemaligen Marineoffizier zugeteilt, der es gewohnt war, Leute auszubilden. Wir verstanden uns auf Anhieb, und obwohl er sich dafür den Spott der anderen einfing, rauchte er, weil ich Nichtraucher bin, auf unserer Schicht immer draußen.

»Ich zeig dir jetzt eine Woche lang, was hier gemacht wird«, sagte er. »Dann fährst du dieses Schiff selbst, und ich schaue zu.«

Auf diese Weise lernte ich eine Menge.

Das Wichtigste war wohl, Verantwortung zu übernehmen und sich schwierigen Aufgaben zu stellen.

Ich wusste seit dieser Zeit, dass ich zur See fahren wollte, aber nicht unbedingt Kapitän sein musste. Ein Kapitän hat sehr viel Papierkram zu erledigen, das wollte ich nicht. Und ich habe so viele andere Sachen gemacht, dass es mir komisch vorkommt, wenn mein Leben von einigen darauf reduziert wird, dass ich genau 21 Tage lang die *Sea-Watch 3* in der Funktion als Kapitän gefahren bin.

Ja, Kapitän. Nicht Kapitänin, ich mag das Wort nicht. Kapitän ist die korrekte Bezeichnung für diesen Beruf. Und ich weiß ja, dass ich eine Frau bin.

Unter Kapitänen von Handelsschiffen komme ich mir etwas deplatziert vor, insbesondere da ich seit über zwei Jahren nicht mehr berufsmäßig zur See fahre. Ein Kapitänspatent braucht man dazu aber gar nicht, denn die *Sea-Watch 3* ist eine Jacht, daher gelten abweichende Vorschriften. Wichtiger ist für die Praxis, dass man ausreichend Erfahrung hat.

Nach *der Meteor* absolvierte ich den zweiten Teil meines Praxissemesters im Winter auf der Ostseefähre *MS Transrussia*, einer von zwei Fähren, die zweimal wöchentlich zwischen Lübeck und St. Petersburg pendeln. Ein typisches

Handelsschiff, das nicht als Personenfähre ausgelegt ist, sondern zumeist Lkw mit Fracht transportiert.

Der Kapitän dort stand kurz vor der Rente, ein ernster, freundlicher Mensch, und er hatte viel Erfahrung mit Eisfahrt. Es ist eine besondere Kunst, durch Eis zu fahren, insbesondere bei Schneefall oder nachts, wenn man nichts sieht. Und es ist überhaupt ein tolles Gefühl: Es knirscht, wenn das Eis bricht, das klingt sehr gemütlich, ich schlafe bei Eisfahrt immer gut. Manchmal bebt das Schiff auch leicht, wenn es die Schollen zertrümmert.

Die schönsten Momente an Bord waren, wenn ich kurz vor St. Petersburg den Sonnenaufgang erlebte. Meist war ich die ganze Nacht auf der Brücke gewesen, und wenn die Sonne dann im Osten aufging, sah ich die ganzen Schiffe vor mir wie eine Karawane gemächlich durch die geschlossene Eisdecke ziehen.

Wegen der schweren Eislage fuhren wir häufig an anderen Schiffen vorbei, die feststeckten, denn unsere Fähre hatte eine hohe Eisklasse, was bedeutet, dass sie durch den Abstand der Spanten und die Dicke des Stahls sehr stabil ist und viel Eis durchfahren kann. Es faszinierte mich, durch die Eisdecke zu fahren, und ich lernte, welche Manöver man mit Ruder und Maschine vollführen kann, um sich zu befreien, wenn man feststeckt.

Transrussia und *Meteor* werden von derselben Reederei betrieben, die mir schon zugesagt hatte, dass sie mich nach dem Abschluss einstellen wollte. Um nicht wieder auf einem Frachter zu landen, fragte ich den Personalchef nach einer Stelle auf einem der Forschungsschiffe. Kurze Zeit vor der Bachelorprüfung fand ich eines Tages eine Mail von ihm in meinem Posteingang:

»Am 4. August wird ein Platz auf *Polarstern* frei, den können Sie haben.«

Fragen lohnt sich also. Denn was wie irgendeine Stelle klingt, war für mich, als hätte ich den Jackpot geknackt. Ich hüpfte in meinem Zimmer herum vor Freude – *Polarstern*, das Wahrzeichen deutscher Polarforschung! Jeder Nautiker träumt davon. Ich umso mehr, seit ich meine Liebe zum Eis entdeckt hatte.

Natürlich bedeutete das erst mal eine Menge Druck, denn wenn ich die Prüfung nicht bestand, würde das Angebot hinfällig werden.

Ich bestand. Zu dem Zeitpunkt konnte ich nicht ahnen, dass diese Arktisexpedition eine meiner wichtigsten Erfahrungen werden würde – nicht nur in beruflicher Hinsicht. Ich war einfach glücklich, im Eis sein zu können. *Polarstern* ist ein sehr spezieller Forschungseisbrecher, der normalerweise in den nördlichen Sommermonaten in die Arktis fährt, in den südlichen Sommermonaten in die Antarktis, wenn das Eis nicht zu dick ist. 2019 startete zwar auch eine Expedition, die das Schiff und seine Besatzung für ein ganzes Jahr in die Arktis führt und bei der sie mit der Eisdrift vorwärtsgelangen. Bei allen anderen Expeditionen durchfährt das Schiff das Eis. Und darin hatte ich durch die Fähre schon etwas Erfahrung.

Ich war nur nicht darauf gefasst, was ich im arktischen Meer sehen würde.

Der Moment, an dem wir den Nordpol erreichten, fiel zufällig direkt in meine Schicht am Vormittag. Ich hatte die Wache auf der Brücke, und der Kapitän, der bereits die zwei vorherigen Fahrten von *Polarstern* zum Nordpol mitgemacht hatte, hielt sich im Hintergrund. Dort, wo der Nordpol ist, sieht es natürlich nicht anders aus als kilometerweit drum herum. Die Stelle besteht im Grunde nur aus Koordinaten.

Das Eis war allerdings weiß statt bläulich, es hatte viele Lufteinschlüsse, war nicht so dick. Da, wo die Forschenden sonst ihre Geräte aufgebaut hätten, um Messungen zu machen, war es zu dünn. Sie brauchten mehrjähriges Eis.

»Das ist nur einjähriges Eis«, sagte der Kapitän zu mir. »Habe ich hier noch nie gesehen. Vor 20 Jahren sind wir zusammen mit einem schwedischen Eisbrecher hier gewesen, das war da noch ziemlich schwierig. Jetzt ist kaum Eis da.«

Wir mussten eine halbe Stunde mit dem Helikopter suchen, um mehrjähriges Eis zu finden.

»Allein in meiner Lebensspanne sehe ich schon, wie es immer weniger Eis gibt«, sagte Sergej, einer der russischen Ozeanografen. Und auch die leitende Wissenschaftlerin war sichtlich besorgt von der rapiden Veränderung. Ein Schock, aber ich beruhigte mich mit dem Gedanken, dass die ganzen Wissenschaftler die Sache ja erforschen und an dem Problem arbeiteten. Wir waren Teil eines Systems, in dem verlässliche wissenschaftliche Daten gesammelt wurden, und die mussten doch zu etwas nütze sein, oder?

Fünf Einsätze fuhr ich mit *der Polarstern*. Ich kannte mich bald ganz gut aus, es machte Spaß. Man ist sehr selbstbestimmt und auch fast immer allein auf der Brücke. Wenn ich, um weiter sehen zu können und den besten Weg fürs Schiff zu finden, mal die zehn Meter aufs Krähennest raufmusste, die Aussichtsplattform über der Brücke, hielt ich das Schiff an. Manchmal kann man nur dort oben ausfindig machen, wo in der Ferne der Rand der Schollen ist, an dem man langfahren muss. Wenn man in eine große Scholle hineinfährt, wird das Schiff sehr langsam oder bleibt sogar ganz stecken. Es spart also meistens viel Zeit, längere Wege um die großen Schollen herumzufahren.

Wenn der Wind stark ist und alle Schollen in eine Richtung presst und sie verdichtet, bleibt allerdings kein Platz, um zwischen ihnen zu fahren. Das Schiff liegt dann fest, und man wartet einfach, wie früher in den Zeiten alter Seefahrer, bis der Wind die Richtung ändert. Grundsätzlich wird es auf dem Schiff nicht langweilig, weil viele verschiedene Arbeitsgruppen da sind und die meisten gerne erklären, was sie machen und wofür ihre Daten in diesem oder jenem Zusammenhang nützlich sein würden. Sie sammeln mit ihrer akribischen Forschungsarbeit lauter kleine Puzzleteile, aus deren Gesamtbild sich neue Einsichten ergeben.

Die Zeit verging schnell.

Alle waren zufrieden mit mir.

Nur ich war nicht richtig zufrieden.

Denn die Zeit lief uns davon. Die Ergebnisse der Forschung schienen nicht wirklich zur Veränderung beizutragen. Alle diskutierten, wägten ab, schrieben wissenschaftliche Studien und Berichte für die Politik. Aber die Verantwortlichen unternahmen nichts mit den Ergebnissen, es gab keine Veränderung in der Klimapolitik, um das Schmelzen der Pole zu verhindern. Die Forschung kam mir zusehends sinnlos vor, es reichte mir nicht mehr, als eine Art Busfahrer für die Wissenschaft zu arbeiten. Ich hatte das Gefühl, dass ich meine Energie nicht an der richtigen Stelle einsetzte.

Ich wollte außerdem lieber eigenständig arbeiten statt für andere Leute – und ich wollte wieder mehr in der freien Natur sein. Zwischen den Einsätzen auf dem Eisbrecher reiste ich, unter anderem durch Südamerika und Pakistan, wo ich viel zeltete. Ich war einfach gerne in der Natur, genoss die Weite. Wenn ich zurück auf dem Schiff war, kam mir die Brücke vor wie ein Büro mit Fenstern, vor denen sich zufällig eine grandiose Kulisse aus Eisbergen befand. Kurz, ich wollte lieber praktisch etwas tun, um die Zerstörung der Natur aufzuhalten, selbst wenn es nur in einem kleineren Rahmen wäre. Ich kündigte die Stelle auf *der Polarstern*. Es war mir klar, dass es dort nicht weiterging und ich einfach etwas anderes versuchen musste.

Also bewarb ich mich bei einem europäischen Freiwilligendienst und arbeitete acht Monate lang im Bystrinsky-Naturpark im Fernen Osten Russlands. Es gab viele Birken, ansonsten Nadelwälder, und im Sommer plagten uns die Mücken. Wir legten lange Strecken zu Fuß zurück, es gab kaum befestigte Wege. Im Juli schossen die Pflanzen in die Höhe, wenn ich mal auf einem Pony ritt, reichten die Gräser und Stauden bis zum Rücken der Pferde. Der Park hatte wenig Personal, es gab nur sieben hauptamtliche Mitarbeiter und außer mir als Freiwillige nur einen Kartografen aus Deutschland, eine lettische Anthropologin und eine russische Geoökologin, Ksenia, mit der ich oft zusammenarbeitete. Sie wollte nach ein paar Jahren in der Ölindustrie zurück zur Biologie. Über Naturschutz lernte ich weniger, als ich es mir erhofft hatte, wir waren viel zu sehr damit beschäftigt, die Hütten zu reparieren, Bäume zu fällen und Holz für den Winter zu hacken, das nahm uns die Zeit für die eigentlichen Aufgaben im Naturschutz. Und unsere Arbeit wurde dadurch erschwert, dass die Fläche so riesig und die Landschaft unwegsam war, manchmal waren wir drei Tage zu einer weniger als 70 Kilometer entfernten Stelle unterwegs, oft gingen die Fahrzeuge kaputt, und die Ranger waren häufig eher Mechaniker als Naturschützer. Einmal besuchten wir eine Familie in ihrer abgelegenen Hütte auf dem Gelände, weil wir in der Nähe Pflanzen kartieren wollten. Die Familie gehörte den Ewenen an, die Jäger und Rentierhirten sind. Am meisten beeindruckte mich jedoch der Wald, er war so ursprünglich, wie ich noch keinen kannte und auch in Europa danach niemals je gesehen habe.

Nach den acht Monaten im Naturpark wollte ich etwas tun, bei dem ich politisch mehr bewirken konnte, und ging auf ein Schiff von Greenpeace. Als Nautiker machte es mir dort wenig Spaß, ich wollte den Job eigentlich schon nicht mehr machen und langweilte mich auf der Brücke. Was die Greenpeace-Campaigner machten, kam mir viel interessanter vor. Sie hatten mehr Freiraum, recherchierten Hintergründe zu illegalen Aktivitäten von Fischereiflotten, kannten das Fischereirecht, planten Aktionen und vernetzten Organisationen und Menschen.

Eine der deutschen Freiwilligen erzählte mir von einer neu gegründeten NGO namens Sea-Watch, die Geflüchtete im Mittelmeer aus Seenot rettet. Freunde von ihr arbeiteten dort, und sie schienen dringend Unterstützung zu brauchen. Also schrieb ich eine Mail und bot meine Hilfe an. Trotz mehrfacher Anfragen erhielt ich jedoch keine Antwort – erst später erfuhr ich, dass Sea-Watch zu dem Zeitpunkt mit Anfragen einfach überfordert war, es gab noch keine richtige Struktur für die Organisation, und die wenigen Freiwilligen kamen gar nicht dazu, alle Mails zu beantworten, vieles ging unter.

Im Herbst 2015 begann ich mit einem Naturschutzstudium in Ormskirk, einer unscheinbaren Marktstadt nördlich von Liverpool. In dieser Zeit verschärfte sich die Situation der Bootsflüchtlinge in Griechenland. Im Winter wurde Lesbos zu einem Anlaufpunkt für viele Geflüchtete aus dem Nahen Osten, vor allem aus Syrien, etwa 18 Prozent von ihnen kamen aus Afghanistan, 3 Prozent aus Pakistan. Tag und Nacht erreichten Boote mit Geflüchteten die griechische Mittelmeerinsel, zeitweise landeten täglich 3000 Menschen an der Küste an, nach Angaben des UNHCR waren es in diesem Jahr rund 390 000 Menschen.

Griechenland trägt damit einen großen Teil der Last Europas: Im berüchtigten Flüchtlingscamp von Moria lebten 2019, als ich dieses Buch schrieb, 8000 Menschen, obwohl es nur für 2500 gebaut worden war. Ärzte ohne Grenzen nannte Moria »das schlimmste Flüchtlingscamp der Welt« – untragbare hygienische Bedingungen, ein hoher Stacheldrahtzaun, Konflikte mit den Einheimischen und weder ausreichende Heizung noch fließend Wasser. Selbstmordversuche und Gewalt waren an der Tagesordnung.

Von alledem bekam ich nicht viel mit. Mich beschäftigte mein Naturschutzstudium, außerdem trug ich noch immer das »Polarvirus« in mir – ich blieb infiziert von der Faszination des ewigen Eises. Das, so wurde mir immer klarer, gar nicht ewig ist.

Also bewarb ich mich, um neben dem Studium weiter in diesem Ökosystem arbeiten zu können, beim Britischen Polarforschungsinstitut, dem British Antarctic Survey.

Die Arbeit an Bord langweilte mich jedoch erneut. Mir wurde immer klarer, dass ich überhaupt nicht mehr als Nautiker arbeiten wollte.

In der letzten Woche einer der Expeditionen, als wir gerade zu den Falklandinseln zurückfuhren, wo wir gestartet waren, bekam ich eine Mail von Sea-Watch. Ich hatte gar nicht mehr damit gerechnet, von ihnen zu hören. Ein Kapitän war kurzfristig krank geworden, sie suchten nach jemandem, der sofort einspringen konnte. Ein Notfall, ich sagte zu.

Es war die zweite Mission der *Sea-Watch 2*.

Ich wusste nicht, was mich erwartete.

Es gab nur eine kurze technische Übergabe.

Ich hatte keine Ahnung von Sea-Watch. Noch weniger von der Lage im Mittelmeer.

Und mit so vielen Freiwilligen an Bord war es zuweilen etwas chaotisch. Ich war Kapitän und Bootsmann in einer Person, weil ich mich auch noch um die Instandhaltung und die Organisation an Deck kümmern musste. Dennoch mochte ich die Arbeit, denn wir waren ein Team, alle waren motiviert, wollten helfen, etwas lernen.

Außer mir kannten sich nur zwei Besatzungsmitglieder mit der Seefahrt aus. Wir lernten uns alle erst an Bord kennen, eine kleine Crew, 13 Leute auf der ersten Fahrt. Die *Sea-Watch 2* wurde bei der Rettung von insgesamt über 25 000 Menschen eingesetzt. Sie ist ein altes Schiff, das gut im Wasser liegt, kleiner als die meisten Schiffe, mit denen ich zuvor gefahren war.

Weil ich gerne dort war und es mir sinnvoll vorkam, blieb ich wie geplant zwei Missionen nacheinander. Damals retteten wir Menschen in Not und übergaben sie dann an Schiffe der italienischen Küstenwache, EU-Militärschiffe oder Frontex. Wir warteten neben den Booten, teilten Rettungswesten aus. Nur wenn es nicht anders ging, nahmen wir Menschen an Bord, einmal waren es 130 Menschen aus einem Schlauchboot, damit wir zu einer zweiten Unglücksstelle fahren konnten, einem gekenterten Holzboot in der Nähe.

Es gab viel zu tun für uns. Manchmal kenterten in einer Woche mehrere Holzboote, und die meisten Menschen, die mit einem solchen Boot auf See waren, sind erschöpft und können nicht schwimmen. Die Besatzung eines der italienischen Militärschiffe holte uns zu Hilfe, weil sie in einem Fall fast nur noch Tote bergen konnte, und bat die Helfenden in den Speedbooten, die Leichen mit Rettungswesten zu markieren. Dabei entstand ein recht bekanntes Foto, auf dem einer der Freiwilligen, Martin Kolek, ein totes Baby hält.

»Dass da Menschen ertrinken, war erwartbar«, sagte er später. »Aber die Realität ist trotzdem anders. Ich hatte vieles eingeplant, aber nicht, dass sich meine Sicht auf die Welt so verändert.«

Es ist sehr bedrückend, selbst dabei zu sein, wenn tote Menschen aus dem Wasser geborgen werden, weil man nur Stunden, manchmal Minuten zu spät kommt.

Sollte ich beim British Antarctic Survey kündigen? Einerseits kam mir das, was wir im Mittelmeer taten, sehr wichtig vor, andererseits konnten die kleinen Schiffe ohne Handelsschiffpatente gefahren werden, also gab es meist genügend Kapitäne zur Auswahl.

Der Naturschutz erschien mir wichtiger, gerade auch, weil er konstant weniger Aufmerksamkeit erhält als Katastrophenhilfe, zu der auch die Rettung im Mittelmeer gehört. Und so hielt ich mir erst 2017 wieder Zeit frei, um im Sommer im Mittelmeer zu helfen. Diesmal mit Sea-Eye, der Organisation, die heute die *Alan Kurdi* betreibt, das Schiff, das nach dem kleinen syrischen Flüchtlingsjungen benannt ist, dessen Leiche nach dem Ertrinken an der türkischen Mittelmeerküste gefunden wurde. Ich fuhr für Sea-Eye auf der *Seefuchs*, steuerte eins der Festrumpfschlauchboote, weil ich nicht auf der Brücke herumstehen wollte. Noch im Sommer 2017 fragte Sea-Watch mich dann, ob ich helfen könne, die *Sea-Watch 3* vorzubereiten, die sie gerade neu erworben hatten.

Zwei Monate verbrachte ich auf der *Sea-Watch 3*, und es waren lange Arbeitstage, die auch mit notwendigen Formalitäten für den Flaggenwechsel und technischen Inspektionen angefüllt waren. Es war frustrierend, dass es länger dauerte als geplant, um alle Dokumente zu bekommen, während mit dem Schiff doch längst Menschen gerettet werden sollten.

Noch während ich vor Ort war, wurde im August die *Iuventa*, ein Schiff, das der Verein Jugend Rettet betrieb, von den italienischen Behörden in Lampedusa beschlagnahmt. Das überraschte mich nicht sehr, denn mit einem Kollegen hatte ich schon im Frühjahr über diese Möglichkeit der politischen Repression gesprochen. Dennoch war es wie eine Zäsur: Seit wir die Nachricht gehört hatten, war uns klar, dass Seenotrettung kriminalisiert wird. Die öffentliche Stimmung schlug um, es gab immer mehr Vorwürfe, Seenotretter steckten mit Schlepperbanden unter einer Decke.

Den Winter verbrachte ich mit Feldforschung für meine Masterarbeit in Südgeorgien in der Subantarktis. Es ging dabei unter anderem um die Wiederherstellung von Ökosystemen und wie sich die dortigen Robbenpopulationen erholen, nachdem sie vom Menschen fast vollkommen ausgerottet wurden.

Im Studium war mir immer mehr bewusst geworden, dass der Klimazusammenbruch nicht das Hauptproblem für die

Artenvielfalt ist, sondern unsere Landnutzung und Ausbeutung von Ressourcen. Oder besser gesagt: der unmäßige Konsum der Industrienationen. Als ich im nächsten Sommer wieder Zeit hatte, kehrte ich zurück ins Mittelmeer. Weil ich aber nicht die geringste Lust verspürte, auf See zu sein, half ich ausschließlich im Flugzeugteam. Schon Ende 2017 hatte ich Sea-Watch dort unterstützt, weil ich während meiner Zeit auf *der Polarstern* mit den Kollegen auch im Helikopter geflogen war und mich ein wenig auskannte.

In der Seenotrettung wird im zentralen Mittelmeer heute hauptsächlich aus der Luft aufgeklärt. Das EU-Militär fliegt regelmäßig, es startet häufig auch von Lampedusa oder Malta, und auch die europäische Grenz- und Küstenwache Frontex verwendet Drohnen und Flugzeuge – *Seagull* heißt eins, das regelmäßig unterwegs ist. Wir fliegen im besten Fall mit zwei zivilen Kleinflugzeugen, von denen eins *Moonbird* heißt, das andere *Colibri*. Sea-Watch übernimmt dabei die taktische Koordination, das Flugzeug und die Piloten gehören jeweils zu einer anderen NGO.

Für die Rettungsschiffe ist es nicht ganz einfach, die Boote zu finden, weil sie so klein sind und man sie erst erkennt, wenn sie schon sehr nah sind. Die Küstenzone, von der Flüchtlingsboote in den meisten Fällen starten, ist aber sehr lang. Im Regelfall besitzt niemand im Boot einen Kompass, sie fahren ein bisschen nach den Sternbildern oder nach dem GPS im Telefon, falls einer eins dabeihat, das funktioniert. Dazu kommen Meeresströmungen und Winddrift, die sie von ihrem Kurs abbringen.

Menschen auf dem Meer ausfindig zu machen, die vor Stunden von *Moonbird* gesichtet wurden, ist schwierig. Kein

Mensch weiß, wie schnell genau das Boot unterwegs ist, und auch nicht, ob es wirklich in die Richtung fährt, in der der nächste europäische Hafen liegt. Denn oft sind die Boote fehlgeleitet, oder der Motor geht aus, dann driften sie. Es gleicht der Suche nach einer Nadel im Heuhaufen, und es ist ein Spiel auf Zeit, weil so ein Boot jederzeit untergehen kann. Die Flugzeuge suchen die komplette Küste ab, es könnten ja noch mehr Menschen zu der Zeit die gefährliche Fahrt übers Meer wagen. Sie haben auch nicht unbegrenzt Flugbenzin und können nur ein paar Stunden im Suchgebiet bleiben.

In diesem Jahr spitzte sich die Lage für die Seenotrettung immer weiter zu, die politische Repression wurde offensichtlich: Die *Lifeline* wurde beschlagnahmt, die *Sea-Watch 3* im Hafen von Valletta festgesetzt, weil sie angeblich nicht ordnungsgemäß registriert war, und auch die *Seefuchs* bekam Probleme wegen ihrer Registrierung. SOS, Ärzte ohne Grenzen und Save the Children entschieden sich, ihre Missionen einzustellen, denn es erreichten sie weniger Spenden, und die Helfer wurden nach fast jeder Anlandung von der Polizei befragt. Es gab einen Code of Conduct, der das Verhalten auf See strenger regelte als bisher und uns Pflichten aufbürdete, die vorher nicht zu unserer Tätigkeit gehört hatten. Die Niederlande führten für Seenotrettungsschiffe plötzlich komplett neue Regularien ein, was Überprüfungen nach sich zog. Italien verfügte, dass seine Territorialgewässer von zivilen Rettungsschiffen nicht befahren werden dürfen. *Moonbird* musste in Tunesien betankt werden, was angesichts der Umwege hanebüchen ist.

Die neuen Richtlinien machten uns das Leben schwer.

Und führten zu immer mehr Toten auf See.

Als ich im Juni 2019 mit der *Sea-Watch 3* aufbrach, war mir klar, dass dieser Reise aufgrund der angespannten politischen Situation in Italien wahrscheinlich eine Untersuchung durch die Staatsanwaltschaft folgen würde. Im Jahr davor waren in Italien, auch wegen der mangelnden Solidarität der EU in Sachen Migration, fremdenfeindliche Parteien an die Macht gekommen. Schon gegen mehrere Kapitäne waren Ermittlungsverfahren eröffnet und wieder eingestellt worden.

Das schreckte mich nicht ab, denn ich war und bin nach wie vor davon überzeugt, dass wir als Zivilgesellschaft unsere europäische Außengrenze und die Definition der Menschenrechte nicht den Rechtsnationalen wie denen im damaligen italienischen Innenministerium überlassen konnten. Wir durften uns nicht einschüchtern lassen. Und deswegen spürte ich eine moralische Verantwortung, die Fahrt zu übernehmen. Weil ich es eben kann, selbst wenn ich der Seefahrt inzwischen nichts mehr abgewinnen konnte.

Menschenleben zu retten ist ein Gebot der Menschlichkeit. Und wird es immer sein.

Wir müssen helfen, müssen uns gegenseitig unterstützen.
So viel, wie wir können.
Immer zuerst den Schwächsten.
Es gibt ein Gedicht des Theologen Martin Niemöller, der Hitler zunächst unterstützte, dann aber in den Widerstand ging und nach dem Krieg in der Friedensbewegung aktiv war. Es drückt für mich aus, warum wir als Mehrheit die Rechte von Minderheiten, wie etwa Geflüchteten, schützen müssen.

Als die Nazis die Kommunisten holten, habe ich geschwiegen; ich war ja kein Kommunist.

Als sie die Sozialdemokraten einsperrten, habe ich geschwiegen; ich war ja kein Sozialdemokrat.

Als sie die Gewerkschafter holten, habe ich geschwiegen; ich war ja kein Gewerkschafter.

Als sie mich holten, gab es keinen mehr, der protestieren konnte.

Solange wir Menschen, die in Not sind, als »die anderen« betrachten und wegschauen, statt zu helfen, fehlt unserer Zivilisation der Halt. Meinungsfreiheit und Recht auf Leben sind Menschenrechte. Wir dürfen nicht wegschauen, nur weil es eine Gruppe betrifft, der wir uns nicht zugehörig fühlen. Denn das weicht die Menschenrechte für uns alle auf, die Schwächsten trifft es nur zuerst.

Aus meiner Sicht ist es die Verpflichtung aller Menschen, die dies können, ihre Privilegien zu nutzen, um sich für andere einzusetzen.

Wer Rechte hat, ist in einer glücklichen Lage. Aber er hat auch die Pflicht, denen zu ihrem Recht zu verhelfen, die in unserem System ignoriert werden.

3
Die letzte Generation?

Wir fahren zur Wache.« Der Kommandant des Bootes der Guardia di Finanza wirkt verärgert. Vielleicht über sein angeschrammtes Boot, vielleicht über die Situation an sich. Der Kollege, der den Wagen fährt, dreht den Schlüssel, und wir fahren los, weg von den Lichtern des Hafens.

Ich hatte schon erwartet, dass es eine lange Nacht wird. Aber nicht unbedingt, dass ich sie auf der Zollstation verbringen muss. Offenbar führt das, was ich aus der Not heraus getan habe, weil die Behörden und die europäische Politik wochenlang ihrer Verantwortung nicht nachgekommen sind, genau zu den juristischen Komplikationen, die ich befürchtet hatte.

Das Zollauto hält wenig später vor einem schlichten zweistöckigen Haus, die Journalisten warten schon davor. Einer der Zollbeamten führt mich rein und bittet mich, auf dem Stuhl Platz zu nehmen. Das Büro ist ein karger Raum, es gibt kaum Bilder an den Wänden, keine Pflanzen, nur zwei Tische, PC und Drucker, ein paar Stühle, ein Aktenregal mit Gesetzbüchern.

Wir warten auf meinen Anwalt. 20 Minuten später trifft er gehetzt ein. Er sieht besorgt aus.

Es vergeht viel Zeit, während die Beamten am Computer ihren Bericht tippen und sich beraten, gegen welche Paragrafen ich angeblich verstoßen habe. Zwischendurch diskutiert mein Anwalt mit ihnen über den Tatbestand. Ich versuche dem auf Italienisch geführten Gespräch zu folgen, es gelingt mir nicht ganz. Der Chef der Zollstation bietet allen Espresso an.

Immer wieder gähne ich verhalten und schaue auf die Uhr, deren Zeiger wie in Zeitlupe vorrücken. Ich bin müde und würde gerne schlafen, doch ich fühle auch eine innere Unruhe, die mich wach hält.

Schon als ich die Planke zur Pier hinunterging, als die einen Leute wütend schrien, die anderen klatschten, als der Polizist mich auf den Rücksitz schob, war mein einziger Gedanke: *Mist, jetzt weiß ich nicht, was weiter auf dem Schiff geschieht.*

Mehrfach habe ich die Zollbeamten danach gefragt, ob die Geretteten endlich von Bord kommen.

Bisher nichts Neues. Allerdings wird langsam klar, dass ich nicht zurück aufs Schiff kann. Es wird jetzt doch von der Staatsanwaltschaft beschlagnahmt, die Beamten diskutieren gerade, wer es aus dem Hafen fährt. Es ist unwahrscheinlich, dass sie mich an Bord lassen, um die *Sea-Watch 3* wieder draußen an den Ankerplatz zu fahren. Die Medien würden sich sofort darauf stürzen, wenn sie mich noch einmal im Hafen sehen, und die Zollbeamten fürchten offenbar, dass sie das lächerlich wirken lässt. Es gibt viele Papiere auszufüllen, immer wieder werden die Berichte neu ausgedruckt, weil noch Fehler gefunden wurden. Auch die Beamten sind müde.

»Die Geflüchteten werden jetzt von Bord geholt«, sagt der Zollchef endlich gegen fünf Uhr morgens.

Es wird auch Zeit. Sie müssen das Schiff vor sechs Uhr unbedingt wieder aus dem Hafen fahren, damit der Flughafen öffnen kann.

Die Crew kommt definitiv auch ohne mich zurecht, aber ich hätte mich gerne verabschiedet. Jetzt, da die Geflüchteten von Bord gehen, werden sich die Crewmitglieder sicher alle erst einmal ausruhen. Dann werden sie vermutlich das Schiff nach Licata fahren müssen, wo unsere Reise 17 Tage zuvor begonnen hatte.

All das geht mir durch den Kopf, als ich auf meinem Sitz hin und her rutsche.

Der Zollchef prüft die ausgedruckten Berichte erneut, blättert hin und her, reibt sich die Augen. Er setzt die Espressotasse an die Lippen und stellt sie wieder hin, weil sie bereits leer ist. Er schüttelt den Kopf und stöhnt.

Vermutlich ist er so aufgebracht, weil er auf einen ruhigen Posten gehofft hatte und sich jetzt mit diesem internationalen Politikum herumschlagen muss.

Ich habe kein Problem damit, dass man mich verhaftet, weil ich das Seerecht erfüllt habe. Aber diese Prozedur ist lästig, und ich hoffe nur, dass sich der ganze Ärger am Ende wenigstens lohnt: Wenn das neue Dekret vor Gericht landet, kann festgestellt werden, dass es gegen geltendes Recht verstößt. Und dann wird es möglicherweise für ungültig erklärt.

Es zeichnet sich ab, dass ich bis zur Anhörung in Hausarrest komme, da es auf Lampedusa keine Gefängniszellen gibt. Die Anhörung kann aber erst am Montag stattfinden; heute ist Samstag, das Gericht hat am Wochenende natürlich geschlossen. Wenn man sich bewusst macht, dass im Jahr 2019 in Europa jemand verhaftet wird, der Menschenleben gerettet hat – das ist besorgniserregend. Es steht schlimm um unsere Staatengemeinschaft, wenn sich rechte Rhetorik immer mehr auch in Gesetzen und Taten niederschlägt. Es sollte keine Frage sein, ob man Menschen in Not aufnimmt.

Nicht nur, indem man ihnen hilft, in einen sicheren Hafen zu gelangen, sondern auch, indem man sie respektvoll behandelt und ihre Würde nicht missachtet, wenn sie angekommen sind. Es sollte ein selbstverständlicher Akt sein, immerhin ist es in vielen Staaten Europas ein Prinzip der Verfassungsordnung.

Wie aber mit diesen Menschen umgegangen wird in Ländern, die sich selbst als zivilisiert betrachten, ist nicht tolerierbar. Immer größere Lager, immer unmenschlichere Bedingungen.

Die Menschen werden vergessen wie in Moria.

Misshandelt wie in Calais, wo die Polizei das Essen der Geflüchteten mit Pfefferspray besprüht und nachts ihre Zelte aufschlitzt.

Erschossen wie an der Grenze von Bulgarien.

Wie Menschen behandelt und misshandelt werden, wie sie in Schnellverfahren abgeurteilt werden, welche Missstände in den Lagern herrschen, bis einige von ihnen keinen Ausweg mehr sehen und sich das Leben nehmen – all das beweist, dass die Menschenrechte in der Europäischen Union nicht für jeden gelten.

Die Zustände, mit denen sich Menschen auf der Flucht konfrontiert sehen, wird für eine immer größere Zahl von ihnen zur Gefahr. Ganz einfach deswegen, weil sich in Zukunft immer mehr Menschen gezwungen sehen werden, aufgrund von ökologischen Katastrophen und wirtschaftlicher Existenznot zu fliehen. Das ist ein Fakt, alle Untersuchungen weisen darauf hin. Oft heißt es, man müsse vor Ort für Bedingungen sorgen, die verhindern, dass Menschen fliehen, oder Einfluss auf ihre Fluchtrouten nehmen, aber darin zeigt sich, dass das Problem nicht verstanden wurde.

Es lässt sich in den Herkunftsländern und auf den Fluchtrouten allein nicht lösen, weil es dort nicht entstanden ist.

Die Fluchtursachen sind komplex, häufig tragen mehrere Faktoren dazu bei, wenn jemand sich entschließt zu fliehen. Was man verstehen muss, ist, dass Menschen ihre Heimat meist nur verlassen, wenn sie keine andere Möglichkeit mehr sehen.

Ein Grund für Migration sind veränderte klimatische und ökologische Bedingungen. Einem Bericht der Beobachtungsstelle für intern Vertriebene (IDMC) zufolge flohen weltweit allein in der ersten Hälfte des Jahres 2019 rund sieben Millionen Menschen innerhalb ihres Heimatlandes vor Überschwemmungen wie auf den Philippinen, in Äthiopien, Bolivien und im Iran, oder vor Zyklonen wie Fani im Golf von Bengalen an der Ostküste Indiens oder Idai, der Ostafrika traf.

Menschen fliehen vor solchen Naturkatastrophen, weil ein Leben vor Ort unmöglich gemacht wird. Meist müssen sie innerhalb kürzester Zeit eine akute Gefahrenzone verlassen, fliehen nicht weit und kehren häufig so bald wie möglich zurück, um ihre Häuser wieder aufzubauen, wenn dazu nur irgendwie Geld und Material vorhanden sind. Obwohl es Taifune oder Hurrikane als Naturkatastrophen schon immer gab, steht von wissenschaftlicher Seite fest, dass solche Extremwetterereignisse durch das Klimachaos immer heftiger ausfallen und häufiger stattfinden. Es werden künftig mehr Menschen vor ihnen fliehen müssen, also unter *Verdrängung* leiden.

In den kommenden Jahren werden immer mehr Menschen ihre Heimat auch aufgrund fortschreitender Umweltzerstörung verlassen müssen. Die Industrie verschmutzt und vergiftet ihr Trinkwasser, ihr Ackerboden wird durch industrielle Agrarwirtschaft ausgelaugt und erodiert. Dazu kommen Auswirkungen der Klimakrise wie die Versalzung von Ackerland, das Ansteigen des Meeresspiegels, das Ausbleiben von Niederschlägen oder die Zunahme von Dürren sowie Überschwemmungen in Küstenregionen, dadurch dass der Meeresspiegel durch das Abtauen der Gletscher und das sich ausdehnende wärmere Wasser steigt. Wenn Menschen aus solchen Regionen fliehen müssen, spricht man von *erzwungener Migration*.

Diese Menschen leben oft von Subsistenzwirtschaft, weshalb die Verschmutzung oder Verwüstung ihrer Heimat unmittelbar zu einem Problem für sie wird und schließlich zu einer Katastrophe. Das, was sie erwirtschaften, reicht nicht mehr zum Leben. Migration ist dann oft die letzte verbleibende Strategie. Sie ist eine Reaktion auf Nahrungsmittelknappheit, auf Armut und Arbeitslosigkeit, auf Konflikte, die sich durch die massiv erschwerten Lebensbedingungen oftmals zusätzlich verschärfen. So war etwa eine der Ursachen des Bürgerkriegs in Syrien, dass eine Dürre die Ernten vernichtete und sich das Brot um 90 Prozent verteuerte.

Oft suchen Menschen Arbeit in anderen Gegenden ihres Heimatlandes, die meisten ziehen in die Slums der Großstädte. Sie gelten als intern Vertriebene (*internally displaced people*, IDP). Nur die wenigsten ziehen in Nachbarländer, noch weniger überqueren weitere Grenzen. Wenn sie den Weg bis nach Europa finden, haben sie als »Wirtschaftsflüchtlinge« auf legalem Weg keine großen Chancen, bleiben zu dürfen. Durch die Genfer Flüchtlingskonvention werden bisher nur Asylsuchende anerkannt, die aufgrund ihrer Ethnie, Religion, Zugehörigkeit zu einer bestimmten sozialen Gruppe oder wegen ihrer politischen Überzeugung verfolgt werden. Klimaflüchtlinge gibt es offiziell nicht, obwohl in vielen Dokumenten und Beschlüssen der Vereinten Nationen auf klimabedingte Migration hingewiesen wird.

Verschiedene UN-Institutionen und Verhandlungsstränge beschäftigen sich mit möglichen Ansätzen, um die Rechte derjenigen zu schützen, die klimabedingt migrieren müssen. »Der Klimawandel wird für Menschen, die unter Armut leiden, verheerende Folgen haben«, steht beispielsweise im UN-Bericht *Climate Change and Poverty* von 2019. »Sogar im besten Fall werden Hunderte Millionen Menschen von Ernährungsunsicherheit, erzwungener Migration, Krankheit und Tod bedroht sein. Der Klimawandel bedroht die Zukunft der Menschenrechte und birgt das Risiko, dass die Fortschritte der letzten 50 Jahre in den Bereichen Entwicklung, globale Gesundheit und Armut zunichtegemacht werden.« Schon der 2018 von der UN verabschiedete Migrationspakt (*Global Compact for Safe, Orderly and Regular Migration*, GCM) benennt eindeutig die Zusammenhänge von Klimawandel und Flucht. Nur ist dieser Pakt nicht rechtlich bindend. Neben dem politischen Willen, hier etwas für die Rechte Betroffener zu tun, fehlt es an einer klaren institutionellen Verankerung der Thematik. Eine Möglichkeit wäre, Klimaflucht in die UN-Klimarahmenkonvention aufzunehmen, diese ist im Gegensatz zum Pakt rechtlich bindend und bearbeitet das Thema unter anderem bereits in der Task Force on Displacement. Von konkreten Schritten, wie der Ausstellung von »Klimapässen«, also Ausweisen, die Klimaflüchtlingen ausgestellt werden, damit sie staatsbürgerliche Rechte in sicheren Staaten erhalten, oder der Anerkennung von Klimawandel als Asylgrund, sind wir jedoch meilenweit entfernt.

Es ist nicht akzeptabel, dass internationales Recht die Erderwärmung noch immer nicht als Fluchtursache anerkennt und die Betroffenen nicht unter den Schutz der Genfer Flüchtlingskonvention stellt. Die Industrieländer haben offenkundig wenig Interesse an einer gerechten Welt. Die Regierungen der Staaten, die Flüchtlinge nicht aufnehmen, das Management der Ölkonzerne und Energieunternehmen und die Verantwortlichen im Finanzsektor haben die Situation klar mitzuverantworten – durch die Emissionen, die der Konsum und der Energieverbrauch der Industrieländer verursacht.

Statt Verantwortung zu übernehmen, reagieren die reicheren Staaten aber meist damit, sich abzuschotten. Flucht wird verhindert oder zumindest massiv erschwert, indem Menschen an den Grenzen interniert und abgewiesen werden. Wer dies tut, ist mitverantwortlich dafür, dass die Flucht für viele tödlich endet. Denn Menschen mit Problemen, die ihre Existenz unmittelbar bedrohen, lassen sich nicht aufhalten.

Nicht die Flüchtenden erzeugen eine Krise, sondern diejenigen, die diese Menschen daran hindern wollen. Wir haben es nicht mit einer Flüchtlingskrise, sondern mit einer Gerechtigkeitskrise zu tun. Gäbe es sichere Fluchtwege oder auch die Möglichkeit, in den Herkunftsländern eine Aufenthaltsgenehmigung oder Asyl zu beantragen, dann hätten wir keine Toten im Mittelmeer oder in der Sahara, und es gäbe auch keine Schlepper, die aus der Not der Fliehenden ein Geschäft machen.

Es ist die einzige Möglichkeit, der Gerechtigkeitskrise zu

begegnen: Wir müssen Migration neu definieren – als festen Bestandteil menschlichen Lebens, als neuen Impuls für die Gesellschaften, als ein Menschenrecht und als Tatsache innerhalb einer Welt, die sich gerade grundlegend verändert. Tatsächlich profitieren Gesellschaften von Migration, etwa vom Ideenaustausch, und das Geld, das Migranten in ihre Heimatländer schicken, übersteigt die Entwicklungshilfe und erreicht noch dazu die Personen, die es wirklich brauchen.

Das Recht auf Flucht muss es nicht nur geben, es muss auch endlich richtig umgesetzt werden. Wir müssen Migranten helfen, bei uns Fuß zu fassen, statt sie zu kriminalisieren. Und wir müssen unsere Verantwortung für die Umstände anerkennen, die zur Flucht führen.

Es mutet lächerlich an, dass ständig davon geredet wird, Fluchtursachen »bekämpfen«, »beseitigen« oder »begrenzen« zu wollen – denn wir begegnen den Ursachen bisher gar nicht wirklich: der Klimakrise und dem Zusammenbruch unserer Ökosysteme.

Die größten Verschmutzer – also wir in den Industriestaaten – haben das Erdklima vollkommen aus dem Gleichgewicht gebracht.

Wissenschaftlich gesehen ist das glasklar. 99 Prozent der Klimawissenschaftler stimmen darin überein, dass die aktuelle Erderwärmung menschengemacht ist. Die Temperatur auf der Erde hat sich seit der Zeit vor der Industrialisierung bereits um 1,1 Grad Celsius erwärmt. Das an sich wäre schlimm genug, doch alle Szenarien des Weltklimarats (IPCC) beruhen noch auf der inzwischen nicht mehr haltbaren Annahme einer linearen Erwärmung.

Gerade erst setzt sich auch in der breiten Öffentlichkeit

die Erkenntnis durch, dass wir die rasante Veränderung nicht unter Kontrolle haben. Aktuelle Studien erklären dies, und auch das Abtauen der Eisschilde in Grönland und der Antarktis, die sich zwei- bis dreimal schneller erwärmt als der Rest der Welt, weist darauf hin: Die Erwärmung erfolgt exponentiell, nicht linear, und sie ist, wenn sie einen bestimmten Punkt überschritten hat, unumkehrbar.

Es liegt daran, dass auf dieser Erde alles mit allem zusammenhängt und sich gegenseitig bedingt. Im Klimasystem der Erde gibt es Kippelemente, die durch ihre Veränderung sich selbst verstärkende Prozesse, sogenannte positive Rückkopplungseffekte, in Gang setzen. Einmal angestoßen, kann dies Kaskaden von Kipppunkten in anderen Elementen auslösen und eine ungebremste Erderwärmung zur Folge haben.

Das sommerliche Meereis der Arktis ist eines der anfälligsten Kippelemente der Erde, und sein Kipppunkt kann nach wissenschaftlichen Schätzungen schon bei einer globalen Erwärmung von zwei Grad erreicht werden. Seit Jahrzehnten schwindet das Eis rasant, es bedeckt nicht nur weniger Fläche, sondern ist auch weniger dick als zuvor. Forscher rechnen damit, dass die Arktis schon 2035 im Sommer eisfrei sein wird.

Schon jetzt wird das Abschmelzen des Eises durch einen sich selbst verstärkenden Prozess beschleunigt, den Eis-Albedo-Rückkopplungseffekt. Er besteht darin, dass durch das Abtauen der Eismassen mehr Wasserfläche frei wird. Von den schrumpfenden Eisflächen wird weniger Sonnenlicht reflektiert, das Wasser hingegen nimmt mehr Wärme durch Sonneneinstrahlung auf und gibt diese Wärme an umgebende Eisflächen ab.

Die wiederum tauen und mehr dunkle Flächen freigeben. Die dann wieder zur Erwärmung des Eises beitragen.

Da das Wasser des Meeres wärmer wird, tauen die Eisflächen auch von unten. Zudem ist das Eis an vielen Stellen von Feinstaub und Rußpartikeln verunreinigt, und es gibt dort sogar stark pigmentierte Mikroalgen und Bakterien. So wird das Eis dunkler, absorbiert also auch mehr Wärme durch Sonneneinstrahlung – und taut noch schneller.

Durch diese sich gegenseitig verstärkenden Effekte erwärmt sich die Arktis etwa doppelt so schnell, wie die Erde es im Durchschnitt tut.

Andere Kippelemente sind ähnlichen Prozessen ausgesetzt.

Der Westantarktische Eisschild, die alpinen Gletscher und die Korallenriffe sind ähnlich verletzlich wie das grönländische Eis. Danach würden irgendwann auch die Borealen Nadelwälder, Amazonas und thermohaline Zirkulation, also das globale Förderband der Meeresströmungen, der Jetstream, der indische Sommermonsun und schließlich auch die Permafrostböden und der Ostantarktische Eisschild betroffen sein.

Außerdem kann der Verlust vieler Ökosysteme, etwa das Absterben der Korallenriffe oder die Ausbreitung der Sahelwüste, einen positiven Rückkopplungseffekt erzeugen.

Wenn diese Kippelemente sich gegenseitig beeinflussen, verstärkt sich der Effekt noch. Alles zusammengenommen könnte dazu führen, dass sich unser Planet bis zum Ende des Jahrhunderts um vier bis sechs Grad erwärmt. Wenn so gravierende Veränderungen auch nur im Ansatz zu befürchten sind, können wir nicht abwarten, bis wir alles wissen, was es zu wissen gibt. Im Gegenteil, wir müssen nach dem Vorsorgeprinzip handeln, das in der Gesundheits- und Umweltpolitik gilt und irreversible Schäden verhindern soll, es besteht aus Risikovorsorge und Ressourcenvorsorge.

Risikovorsorge bedeutet, dass wir vorbeugend handeln müssen, selbst wenn wir nur unvollständiges oder unsicheres Wissen besitzen, welcher Art die Umweltschäden sein werden, wie groß ihr Ausmaß, wie wahrscheinlich ihr Eintreten sein wird und wie genau alles zusammenhängt, damit wir Schäden von vornherein vermeiden. Ressourcenvorsorge sagt, dass wir natürliche Ressourcen wie Wasser, Boden und Luft schonend behandeln, um sicherzustellen, dass sie auch noch für kommende Generationen bereitstehen. Dies hat sich als äußerst sinnvoll erwiesen, beispielsweise bei Schutzgebieten oder im Montreal-Protokoll, das den Schutz der Ozonschicht festlegte.

Das Vorsorgeprinzip ist Teil der Erdcharta der UN und von Umweltschutzgesetzen einzelner Staaten wie der Schweiz und Deutschland, es steht in der Rio-Deklaration zu Umwelt und Entwicklung und im Vertrag zur Gründung der Europäischen Gemeinschaft – es ist also Europarecht. Die mangelhafte Klimapolitik der einzelnen Staaten zeigt jedoch deutlich, dass es nicht angewandt wird.

Im Lauf der Erdgeschichte kam es immer wieder zu abrupten Klimaveränderungen, etwa beim Übergang von einer Phase tropischer Erwärmung zu einer Eiszeit vor 34 Millionen Jahren. Dies hatte stets massive Auswirkungen auf das Leben auf dem Planeten.

Diesmal sind wir Menschen für die biologischen, geologischen und atmosphärischen Prozesse auf der Erde maßgeblich verantwortlich – ein Grund dafür, dass einige Forschende unser Zeitalter inzwischen Anthropozän nennen. Wir

Menschen verstehen nur noch nicht bis ins Letzte, was wir alles beeinflussen und in welcher Weise. Aktuell sieht es aber nicht so aus, als würde es sich beim Anthropozän um eine Epoche handeln, die lange anhält, sondern eher um eine kurze Phase im sechsten Massensterben der Arten.

Es ist eine Illusion, die uns immer wieder verkauft wird: Anpassung an den Temperaturanstieg ist nur zu einem gewissen Grad möglich, gleich, ob über Migration oder über technische Lösungen, die nur dem wohlhabenderen Teil der Menschheit zur Verfügung stehen werden. Denn der menschliche Körper hat eine Toleranzgrenze, was Hitze betrifft, bei extremen Temperaturen kommt es zu Hyperthermie: Der Körper kann keine Wärme mehr abgeben, sich also nicht selbst weiter kühlen, er nimmt nur noch Wärme auf. Hält das zu lange an, wird es lebensgefährlich.

Diese Gefahr ist vielen Menschen in gemäßigten Zonen der Erde noch nicht klar. Dabei gibt es bereits viele Gebiete, in denen Menschen durch die Folgen der Erwärmung sterben. Wir müssen endlich anerkennen, dass die Menschen, die am wenigsten zu diesem Desaster beigetragen haben, es am frühesten und am heftigsten zu spüren bekommen – das ist eine Frage von Klimagerechtigkeit. Zwei Grad wärmer, das bedeutet mehr und heftigere Extremwetterereignisse zunächst vor allem in Teilen der Erde, in denen die Menschen nicht so gut geschützt sind wie in den Industrieländern, wo das Wetter ohnehin milder ausfällt. Diese Menschen besitzen keine Versicherung für ihre Häuser, keine staatliche medizinische Versorgung, keine gute Infrastruktur für Rettungsdienste.

Der Climate Vulnerability Monitor stellte 2012 fest, dass die Klimakrise weltweit nicht nur hohe Kosten verursacht, etwa durch Schäden an der Infrastruktur, sondern dass Klimawandel und fossile Brennstoffe schon jetzt für fünf Millionen Tote pro Jahr verantwortlich sind. Diese leben hauptsächlich in Ländern des Globalen Südens, dennoch sind ausnahmslos alle Länder von den Auswirkungen betroffen. Bis 2030, so wird angenommen, erhöht sich die Zahl der Toten insgesamt auf sechs Millionen jährlich.

In den Berichten der Klimaforschungsinstitute zeichnet sich deutlich ab, dass wir nur noch ein sehr kleines Zeitfenster haben und es sehr schwer wird, wenn wir die Erwärmung auf unter zwei Grad begrenzen wollen.

Das verbleibende Emissionsbudget, das die Welt noch ausstoßen darf, um das 1,5-Grad-Limit nicht zu sprengen, wird, wenn wir unsere jetzige Wirtschafts- und Lebensweise nicht radikal verändern, in gerade einmal acht Jahren aufgebraucht sein – dieses Budget beinhaltet die Annahme, dass wir in der Zukunft sehr massiv Technologien für negative Emissionen nutzen werden. 1,5 Grad wären zwar also theoretisch noch zu erreichen, scheinen durch die jahrzehntelange Untätigkeit und im Angesicht der aktuellen Politik aber illusorisch.

Das müsste uns veranlassen, sofort zu handeln.

Doch bislang gibt es keine vernünftige internationale Strategie, um dem Kollaps zu entgehen.

Stattdessen erleben wir politisches Versagen. Schon seit 1995 treffen sich internationale Delegierte aus Wissenschaft und Politik alljährlich und besprechen, wie wichtig ihnen das Klima ist. Als politischer Wendepunkt wurde zuletzt die Klimakonferenz von Paris im Jahr 2015 gefeiert, auf der eine Begrenzung der Erderwärmung von 1,5 Grad, höchstens 2 Grad Celsius beschlossen wurde.

Der Verhandlungsprozess der UN-Klimarahmenkonvention, der auch das Pariser Ergebnis hervorgebracht hat, wird zum Scheitern verurteilt sein, wenn es ihm nicht gelingt, die richtigen Fragen zu stellen und aus den ehrlichen Antworten notwendige Folgerungen zu ziehen. Solange die verhandelnden Staaten ihre Fragen innerhalb des bestehenden Wirtschaftssystems stellen, werden es die falschen Fragen sein. Denn es sind Fragen innerhalb des Systems, das die gigantischen Probleme, vor denen wir heute stehen, erst geschaffen hat. Die Vorschläge von Paris basieren auf den als eher konservativ gehandelten Szenarien des IPCC. Vor den Auswirkungen der Klimakrise wären wir deshalb selbst dann nicht ausreichend geschützt, wenn wir die Pariser Klimaziele erreichen würden. Ganz davon abgesehen, sterben ja schon jetzt Menschen an den Folgen des Temperaturanstiegs.

Bisher lässt kaum ein Land erkennen, dass es aus den Beschlüssen von Paris wirklich Konsequenzen zieht, im Gegenteil: Der Regierungschef eines der Länder, die für die meiste Verschmutzung verantwortlich sind – durch eigene Produktion und Energieerzeugung wie durch den Konsum der Produkte, die in Ländern wie China hergestellt werden –, ist aus dem Abkommen wieder ausgetreten. Und beinahe jede Regierung hat Pläne, ihr Bruttosozialprodukt zu steigern, die Natur weiter auszubeuten, emissionsreiche Unternehmungen zu fördern. Wirtschaftswachstum ist den meisten Menschen, die in der Politik tätig sind, wichtiger als der Schutz dieses Planeten, selbst wenn das Wachstum den Planeten letztlich zerstört.

Die Lösungen von Paris basieren auch darauf, dass durch Geoengineering CO_2 aus der Atmosphäre entzogen werden soll – indem man entweder die Sonneneinstrahlung reduziert oder der Atmosphäre Kohlendioxid entzieht. Eine derzeit besonders heiß diskutierte Methode, um CO_2 zu reduzieren, ist Bioenergie mit CO_2-Abscheidung und -Speicherung (*Bioenergy with Carbon Capture and Storage*, BECCS). Dabei soll durch schnell wachsende Pflanzen Kohlendioxid gebunden werden, beim Verbrennen der Pflanzen könnte Energie gewonnen und das dabei wiederum entstehende Kohlendioxid permanent gespeichert werden. Doch auch BECCS ist keine wirkliche Lösung, weil die notwendigen Monokulturen zwangsläufig Biodiversität zerstören und riesige Flächen gebraucht würden. Jeder Eingriff in die Natur birgt Risiken. Keine dieser Technologien existiert bisher in skalierbarer Version. Und es wäre ein sehr riskantes globales Experiment, sie umzusetzen.

Erschreckend, aber nicht überraschend ist, dass Unternehmen, die auf fossile Energieträger setzen, viel Geld in die Forschung zu Geoengineering stecken, da sie erreichen wollen, dass der Ausstieg aus den fossilen Energien möglichst weit hinausgezögert wird. Kritische Stimmen nennen Geoengineering wie auch andere vermeintliche Klimaschutzinstrumente, die viel Potenzial für Umweltzerstörung oder auch Menschenrechtsverletzungen in sich tragen, eine »falsche Lösung«.

Hier wird offensichtlich, wie sehr Politik und Wirtschaft ein mächtiges Netzwerk bilden und angemessenes Handeln gemeinsam vereiteln. Seit Jahrzehnten werden Konsumierende und Personen mit politischer Entscheidungsbefugnis von Firmen geschickt belogen und getäuscht. Die Wissenschaftshistoriker Naomi Oreskes und Erik M. Conway haben ausführlich dargelegt, dass vor allem die Ölindustrie, aber auch Automobilhersteller in der Vergangenheit für Millionen von Dollar Studien bei Forschenden und Kampagnen bei PR-Experten in Auftrag gaben, die Zweifel an der menschengemachten Klimakrise und an der Wirksamkeit von durch Menschen eingebrachtem Kohlenstoffdioxid in der Atmosphäre säen sollten, teils mithilfe derselben PR-Berater, die auch erfolgreiche Kampagnen gegen die Gesundheitsschädlichkeit des Rauchens, die Gefährlichkeit des Ozonlochs oder des Insektizids DDT geführt hatten.

Durch Verschleierung und unzureichende politische Maßnahmen sind wir inzwischen an einem Punkt, wo wir nur noch Schadensbegrenzung vornehmen können und uns in einer riesigen Grauzone von schlimm zu schlimmer befinden.

Wenn Klimaforschende das kommunizieren, denken einige Menschen – häufig Doomer genannt, abgeleitet vom englischen Wort *doom* (Untergang) –, dass es jetzt sowieso schon für alles zu spät sei und es sich gar nicht lohne, überhaupt irgendetwas zu machen. Umgekehrt hören wir auch wenig Ehrliches aus den Parlamenten, von den Menschen, die entweder vom existierenden System profitieren, weil sie zum Beispiel in den Aufsichtsräten von Firmen eingebunden sind, oder im besten Fall tatsächlich glauben, mit kleinen Schritten eine Verbesserung bewirken zu können.

Sie schützen das Wohl der Wirtschaft, und manche denken vielleicht wirklich, damit täten sie etwas für die Allgemeinheit. Und so ist seit Paris 2015 das Gegenteil von dem passiert, was uns dort vollmundig versprochen wurde: Die Treibhausgasemissionen sind seit Beginn der Verhandlungen gestiegen – und zwar dramatisch: von etwa 360 ppm im Jahr 1995 bis auf 415 ppm im Jahr 2019. Unser Klimasystem verändert sich erschreckend, Permafrostböden tauen, Gletscher schmelzen und verschwinden, immer stärkere Hitzewellen, Überflutungen, Stürme töten Menschen. Mehr Arten sind gestorben. Mehr Wald ist gerodet worden. Mehr Flüsse sind vergiftet worden, mehr Plastik ist im Ozean gelandet. Mehr Menschen sind auf der Flucht.

Die Veränderungen in der Biosphäre sind sehr deutlich zu sehen, an fast allen Orten der Erde. Mittlerweile hat die Klimakrise zahlreiche Ökosysteme zerstört, und zerstörte Ökosysteme können viele klimatische Anomalitäten nicht mehr auffangen.

Viele Arten sind schon extrem dezimiert durch die Ausbeutung der Natur, etwa durch Habitatverlust oder Fragmentierung von Landschaften, wenn Flächen für den Anbau von Soja oder Palmöl gerodet werden, durch Pestizide aus der Landwirtschaft oder industrielle Abwässer, durch Überfischung oder Trophäenjagd. Die Zahl der Wirbeltiere – und das sind die einzigen, für die überhaupt genügend Daten vorliegen – sind laut dem *WWF Living Planet Report* zwischen 1970 und 2014 um 60 Prozent zurückgegangen. Eine Umkehr des Trends ist nicht in Sicht, bis heute schrumpfen sie jedes Jahr um 2 Prozent. Nach Gewicht sind 96 Prozent aller Wirbeltiere auf der Erde heute Menschen und die Tiere, die wir für unseren Konsum halten.

Die Aussterberate von Spezies ist heute tausendmal höher als die natürliche Hintergrundrate, also das Tempo, in dem sie vom Erdboden verschwinden. Normalerweise dauert so etwas bis zu zehn Millionen Jahre.

Indigene sind, obwohl sie keinen eigenen Anteil daran haben, von der Zerstörung der Natur und damit der Lebensgrundlagen seit der Kolonialzeit stets zuerst und am stärksten betroffen. Sie leben häufig direkt von der Natur, und ihre

Territorien schützen 80 Prozent der weltweiten Biodiversität. Statt von ihnen über das Lebensnetz der Natur zu lernen, werden sie ermordet oder umgesiedelt, um Nationalparks zu eröffnen und Ölpipelines zu bauen. Sie leiden am meisten unter den Verschmutzungen der Industrie, wenn wie in Russland etwa 10 Prozent der geförderten Ölmenge über die Pipelines verloren geht oder wie in Nigeria der Ölmulti Shell das Trinkwasser verschmutzt. Wenn wie in Brasilien und Bolivien der Urwald gerodet wird, um Flächen für Nutztiere und Monokulturen zu schaffen, und der Pestizideinsatz später das Wasser, die Nahrung und die Atemluft verseucht. Wenn Frischwasser von Konzernen wie Nestlé privatisiert wird und der Grundwasserpegel sinkt.

Viele Angehörige Indigener Gemeinschaften leiden auch unter den psychologischen Folgen der Zerstörung ihrer Heimat, was häufig als ökologische Trauer *(ecological grief)* bezeichnet wird. Wissenschaftler, denen die Auswirkungen des Ökozids in ihrer ganzen Bandbreite bewusst sind, empfinden ebenfalls deutlich Schmerz über den Verlust. Es gibt eine Studie dazu, wie sich ein solcher Verlust auf die Inuit, aber auch auf Weizenfarmer in Australien auswirkt. Viele dieser Menschen spüren psychische und emotionale Auswirkungen von Naturzerstörung: Depression, Selbstmordgedanken, posttraumatische Stressbelastung, Zorn, Hoffnungslosigkeit, Verzweiflung.

Die Seele leidet, wenn einem Menschen klar wird, was uns verloren geht. Es ist die Trauer über den Verlust vieler Arten, Landschaften und Ökosysteme, die für die eigene Lebensweise, Kultur und Tradition wesentlich sind. Und über den verlorenen Anblick von Landschaften, wie etwa wenn Gletscher verschwinden.

Menschen, die dies erkennen und zu der Zerstörung beigetragen haben, haben häufig Schuldgefühle. Die sie gelegentlich daran hindern, sich gegen Naturzerstörung einzusetzen.

Dass es solche psychischen Auswirkungen gibt, ist ganz normal – wir alle sind Teil der Natur und von ihr abhängig. Seit griechische Philosophen wie Platon 400 Jahre vor Christus damit begonnen haben, nehmen wir die Natur auseinander, teilen sie in Elemente ein, betrachten uns als getrennt von ihr. Zu viele Menschen in den Kulturkreisen der Industriegesellschaften haben dadurch verlernt, ihre Existenz in diesem Zusammenhang zu sehen. Erst wenn wir in der Lage sind, die Empfindung ökologischer Trauer wahrzunehmen, können wir uns wieder mehr mit der Natur verbinden – und gegen die Zerstörung aktiv werden.

Wir haben die Natur viel zu lange für selbstverständlich hingenommen. In veralteten Bildern der Wirtschaftskreisläufe ist sie als Faktor nicht einmal dargestellt.

Inzwischen sprechen wir von der Natur hauptsächlich als Ressource, als etwas, das wir nutzen und als Handelsware begreifen. Durch unsere wirtschaftszentrierte Denkweise wird bisher jeder Millimeter nach Geldwert vermessen, auch im Naturschutz.

Sichtbar wird dies in Konzepten wie REDD+ (*Reducing Emissions from Deforestation and Forest Degradation and the role of conservation, sustainable management of forests and enhancement of forest carbon stocks in developing countries*), einer Art modernem Ablasshandel: Wald bekommt einen Geldwert zugewiesen, und wird eine Fläche abgeholzt, soll das Geld in Projekte fließen, mit denen eine andere Waldfläche als Kohlenstoffspeicher bewahrt wird.

Damit sollen Umweltzerstörung und Emissionen ausgeglichen werden.

Es gibt viel Kritik an diesem System, denn weder werden Emissionen reduziert, noch sind Waldstücke ökologisch austauschbar. Der Wald ist auch weit mehr als ein monetärer Wert, besonders für die Menschen, die darin leben und ihn dadurch auch ohne Anreize der internationalen Finanzwirtschaft am besten schützen. Statt dies anzuerkennen, werden Indigene Gemeinden aus dem Wald vertrieben, und sie verlieren ihre Lebensgrundlage – im Namen von REDD+ werden ihre Menschenrechte verletzt.

Solange wir Natur als eine Handelsware verstehen und über natürliche Phänomene in einer technokratischen Sprache reden, werden wir uns aus diesem zerstörerischen Mechanismus nicht befreien können. Abstrakte Begriffe rücken uns weiter aus dem Kreislauf der Natur heraus – und sie machen es leichter, die Natur zu sezieren, als Gegenstand der Untersuchung zu betrachten. Sprache formt unser Denken, und so, wie wir von der Natur reden, so behandeln wir sie auch. Wir sollten Begriffe verwenden, die Natur lebendig erscheinen lassen, statt nur ihre Funktion oder ihren Nutzwert zu bezeichnen. Wir vermissen keine Fischbestände, aber Heringsschwärme. Keine Wasserressourcen, aber eine Felsquelle. Und kein Feuchtbiotop, sondern einen Sumpf mit Gräsern und Watvögeln.

Die Natur sorgt für das Fortbestehen unserer Spezies. Ihre Artenvielfalt sichert die Bestäubung von Fruchtblüten durch Insekten und die Reinheit des Wassers durch Mikroorganismen. Sie sorgt dafür, dass Moore Kohlenstoffdioxid aufnehmen und dass Wälder besser gegen Trockenheit gewappnet sind und invasive Arten leichter verkraften. Und die Natur sorgt nicht nur für Nahrung, Trinkwasser und saubere Atemluft, sie ist auch ein Medizinschrank und wichtig für psychische Gesundheit und Erholung.

Je weiter die Temperaturen ansteigen und je instabiler die Ökosysteme werden, umso mehr Tier- und Pflanzenarten verlieren wir jedoch. Eine Spezies hat oft nicht genügend Zeit, sich durch natürliche Auslese an veränderte Bedingungen anzupassen, und nicht alle können schnell genug migrieren. Und je weniger Vielfalt es auf diesem Planeten gibt, umso weniger kann der Verlust einer Art durch eine andere mit der gleichen ökologischen Funktion ersetzt werden.

Invasive Arten – Wespenspinnen, Hyalomma-Zecken, Grauhörnchen, rote amerikanische Sumpfkrebse – erobern sich neue Lebensräume und bringen bestehende Ökosysteme aus dem Gleichgewicht. Vor Kurzem sind die ersten Moskitos auf Spitzbergen gefunden worden. Dies ist eine zusätzliche Belastung für Ökosysteme und auch für uns Menschen, denn mit den invasiven Arten können neue Krankheiten kommen. Die Tigermücke zum Beispiel, die in Teilen Nordeuropas gefunden wurde, überträgt Dengue- oder Chikungunyafieber.

Ökosysteme halten viele Veränderungen über lange Zeit aus, ohne zusammenzubrechen. Ein Haus stürzt ja auch nicht ein, nur weil ein Stein in der Wand fehlt. Aber wir verstehen die Ökosysteme nicht gut genug, um überhaupt einschätzen zu können, wie viele Bausteine wir verlieren können, bevor das System zusammenbricht.

In seinem Artenschutzbericht von 2019 stellt der Weltbiodiversitätsrat IPBES *(Intergovernmental Science-Policy Platform on Biodiversity and Ecosystem Services)* fest, dass die

Biodiversität aktuell schneller als zu jeder anderen Zeit in der Menschheitsgeschichte abnimmt: Geschätzt eine Million Arten sind vom Aussterben bedroht. In der Erdgeschichte gab es ein solches Massensterben schon fünfmal zuvor, diesmal aber ist der Mensch dafür verantwortlich, wenn es weiterhin geschieht.

Statt dem Artenverlust Einhalt zu gebieten und natürliche Landschaften zu regenerieren, etwa Moore wiederzuvernässen, Flusssperren rückzubauen oder heimische Arten wieder einzuführen, sägen wir kräftig weiter an dem Ast, auf dem wir sitzen.

Das Erdsystem, die Natur hat Grenzen, die wir ständig überschreiten – wir leben weiter auf Pump, beuten mehr aus, als nachwächst.

Johan Rockström, der das Potsdam-Institut für Klimafolgenforschung leitet, beschäftigt sich mit den Belastungsgrenzen der Erde, also ökologischen Grenzen, deren Überschreitung das Bestehen der Menschheit auf diesem Planeten gefährdet. Diese Grenzen sind neben dem Klimawandel auch die Versauerung unserer Ozeane, der Süßwasserverbrauch oder die Biodiversität. Rockström kritisiert, dass die Gefahren, denen unsere Zivilisation ausgesetzt ist, noch nicht in ihrer ganzen katastrophalen Relevanz durchgedrungen sind.

»Die Belastung des Erdsystems durch den Menschen hat ein Ausmaß erreicht, bei dem plötzliche globale Veränderungen der Umwelt nicht mehr auszuschließen sind«, sagt er.

Das Problem ist die hohe Ressourcennutzung. Und zwar nicht, weil es so viele Menschen auf der Erde gibt, sondern weil der kleinere Teil von ihnen zu viele Ressourcen verbraucht: 5 Prozent der sieben Milliarden Menschen verbrauchen 25 Prozent aller verfügbaren Ressourcen, 20 Prozent aller Menschen verbrauchen 80 Prozent der Energie.

Wie massiv diese Grenzen überschritten werden, verdeutlicht die Denkfabrik Global Footprint Network anhand des Erdüberlastungstages. Er wird jedes Jahr für einen früheren Zeitpunkt errechnet und individuell für jedes Land. Katar hatte diesen Tag 2019 schon am 11. Februar erreicht, Deutschland am 3. Mai, in Indonesien ist es erst am 18. Dezember so weit. Allerdings wurde die Idee des »Footprint« von Ölfirmen geschaffen, um die Verantwortung auf die Konsumierenden zu schieben und von den fossilen Unternehmen abzulenken.

Gemeinschaftlich hätte die Menschheit die Chance, die Krise abzumildern, indem wir intakte Landschaften schützen und zerstörte Ökosysteme renaturieren. Wir könnten sogar alle Menschen ernähren: Es gibt genug zu essen auf diesem Planeten, wir müssen es nur anders verteilen. Menschen in den Industrieländern, die viel verbrauchen, nehmen derzeit nicht nur den Menschen in ärmeren Regionen etwas weg, sondern auch den kommenden Generationen.

Nach Ansicht von Fachkundigen dürften die Klimakrise und der Zusammenbruch der Ökosysteme bis zum Ende des Jahrhunderts drastische Folgen für die Weltbevölkerung haben: Es gibt extreme Modelle, denen zufolge sechs Milliarden Menschen sterben und nur eine Milliarde an den Polen weiterleben. Und eine Studie zur Nahrungsmittelsicherheit hat errechnet, dass Nahrungsmittelknappheit sogar schon in den Vierzigerjahren unseres Jahrhunderts zum Kollaps unserer Zivilisation führen könnte, sollte sich an unserem Verhalten und unserer Politik nichts ändern. Es muss zu solchen extremen Szenarien aber gar nicht kommen, denn wir können unsere gesellschaftliche Ordnung verändern.

Der Schriftsteller Jonathan Franzen schrieb kürzlich im *New Yorker*, es sei aufgrund der menschlichen Psychologie und der politischen Realität und dem immer noch weltweit steigenden Energieverbrauch sehr unrealistisch, das Ziel der Pariser Klimakonferenz erreichen zu können. Jede noch so kleine Anstrengung zur Reduzierung von Emissionen müsse weiterhin unternommen werden, aber wir müssten auch der Wahrheit ins Gesicht sehen und erkennen, dass weitere Maßnahmen erforderlich seien, wenn sich unsere Gesellschaften global durch Nahrungsmittelmangel und Konflikte destabilisieren. Im Licht der Klimakrisen, so Franzen, werde alles, was wir gemeinschaftlich unternehmen, auf neue Weise bedeutungsvoll: globale Ungerechtigkeit zu bekämpfen genauso wie für faire Wahlen einzutreten. Den Hass im Netz ein für alle Mal abzustellen ebenso wie eine humane Einwanderungspolitik. Gleichheit für Minderheiten und alle Geschlechter genau wie Gesetzestreue, eine freie Presse und die Entwaffnung der Bevölkerung. All dies zu fordern und umzusetzen seien klimarelevante Handlungen. Es gehe darum, ein Gesellschaftssystem zu schaffen, das so stark und widerstandsfähig ist wie irgend möglich, um für die schwierige Zeit gewappnet zu sein.

Jonathan Franzen wurde für diese Überlegungen massiv kritisiert. Er habe aufgegeben und sabotiere das Erreichen der Klimaziele. Aber er hat recht damit, dass wir neben Mitigation, also der sofortigen Reduzierung von Treibhausgasen, auch über Adaption – Anpassung – reden müssen. Tatsächlich ist Adaption in vielen Ländern des Globalen Südens bereits jetzt notwendig und wird auch schon umgesetzt.

Doch generell wird das Möglichkeitsfenster, um sich anzupassen, immer kleiner, wenn wir nicht jetzt drastisch Treibhausgase reduzieren – deswegen ist Mitigation prinzipiell wichtiger.

Trotzdem ist es höchste Zeit, sich Gedanken zu machen, wie wir als Menschen auf die Erwärmung reagieren wollen. Wenn wir erreichen wollen, dass die Erwärmung auf 1,5 oder 2 Grad Celsius begrenzt wird, brauchen wir die komplette Dekarbonisierung aller Sektoren wie Energie, Mobilität, Wohnen, Landwirtschaft. Dazu ist natürlich neben dem Handeln auch politischer Wille auf allen Ebenen nötig: der Wille der Machthabenden, dies umzusetzen, ohne Schäden an einen anderen Ort der Erde zu verlagern. Das wird Zeit brauchen, und klar ist: Die Klimaschäden werden derweil immer mehr, und es kann Konflikte um die vermeintlich »knappen Ressourcen« geben, die noch bleiben. Das heißt, wir müssen unsere Gesellschaft und unsere sozialen Systeme auf diese Situation vorbereiten. Dazu gehört, dass wir uns für Demokratie und Anti-Rassismus einsetzen, damit nicht noch mehr Menschen an den Außengrenzen Europas sterben und damit wir nicht irgendwann in einer Autokratie oder Militärdiktatur landen.

Professor Jem Bendell, der an der University of Cumbria im Fachbereich Nachhaltige Entwicklung lehrt, veröffentlichte 2018 seine Studie »Deep Adaptation (Tiefenanpassung): Ein Wegweiser, um uns durch die Klimakatastrophe zu führen«, die den Zweck seiner gesamten Fachrichtung infrage stellt. Er erklärt darin, wie er zu dem Schluss kam, der Kollaps der westlichen Gesellschaft sei unausweichlich, eine Katastrophe wahrscheinlich und das Aussterben der Menschheit möglich. Und er beschreibt, wie ihn diese Erkenntnis dazu brachte, seine eigene Arbeit als Nachhaltigkeitswissenschaftler infrage zu stellen. Inhaltlich haben Klimaforschende »Deep Adaptation« viel kritisiert. Sie betonen, Jem Bendell stelle den aktuellen Stand der Klimakatastrophe dramatischer und auswegloser dar, als er in Wirklichkeit sei. Noch mehr wurde bemängelt, dass das Wort Gerechtigkeit in Bendells Veröffentlichung vollkommen fehlt und dass er hauptsächlich die westliche Gesellschaft in den Fokus seiner Überlegung rückt, statt über diejenigen zu sprechen, die schon seit Jahrhunderten von Ausbeutung und Zerstörung von Ökosystemen betroffen sind.

Trotzdem hat mich der Text zum Nachdenken darüber angeregt, ob die aktuelle Situation und die Untätigkeit vieler politischer Akteure das Ende der westlichen Zivilisation – oder sogar der Menschheit an sich – bedeuten. Und ob es sinnvoll ist, inmitten einer dramatischen ökologischen Krise einfach weiter seinem Alltag oder Beruf nachzugehen. An jedem Tag, an dem wir nicht handeln, gefährden wir unser Überleben als Spezies. Wir setzen unsere Nahrungsversorgung aufs Spiel, unseren Zugang zu Trinkwasser. Unsere Infrastruktur, unser Zusammenleben. Die Zukunft unserer Kinder.

Umweltzerstörung verschlechtert und gefährdet die Lebensbedingungen jedoch nicht für alle gleichermaßen – genau hierin liegt die große Ungerechtigkeit. Während die einen über finanzielle Mittel verfügen, etwa steigende Lebensmittelpreise abzupuffern oder Megaschutzdämme gegen den steigenden Meeresspiegel zu bauen, gefährdet ein höherer Getreidepreis bei anderen das Überleben ganzer Familien oder raubt eine einzige Sturmflut jemandem sein gesamtes Hab und Gut.

Doch aktuell schreitet die Zerstörung der Biosphäre ungebremst voran. Und auch die reichen Staaten, die derzeit noch meinen, die Folgen ihrer eigenen ökologisch so verheerenden Wirtschafts- und Lebensweise mit harscher Abschottungspolitik an ihren Grenzen draußen halten zu können, müssen endlich begreifen, wie massiv jegliches Leben auf der Erde bedroht ist: durch Naturkatastrophen, die zu Kriegen und dem Zusammenbruch der menschlichen Zivilisation führen können.

Doch die Politik wie die Medien stellen das, was uns erwartet, viel zu harmlos dar.

Es ist Zeit, die Wahrheit über die Klimakrise zu sagen. Sie ist nur ein Symptom für unser völlig verfehltes Verständnis davon, welchen Platz wir Menschen in der Natur einnehmen. Solange wir nicht grundsätzlich daran arbeiten, Ökosysteme zu regenerieren und soziale Gerechtigkeit herzustellen, gibt es für uns keine Zukunft auf diesem Planeten.

Im aktuellen System können Politik und Wirtschaft zu keiner wirkungsvollen Lösung finden. Elektromobilität, CO_2-Steuer, Emissionshandel, all das ist weder ausreichend noch effizient. Es ist hilfloses Herumdoktern mit Mitteln, die diese Krise erzeugt haben – den Mitteln einer neoliberalen Wirtschaftspolitik. Schon Albert Einstein war der Ansicht, dass wir Probleme nie mit derselben Denkweise lösen könnten, mit der sie entstanden sind.

Wirklich etwas zu ändern erfordert größeren Kraftaufwand, aber wir haben keine Wahl.

Wir befinden uns mitten in einer existenziellen Krise, und zum ersten Mal spüren die Menschen in den Industrienationen die Bedrohlichkeit der Lage so wie andere, die durch

Kolonialisierung und industrielle Ausbeutung schon seit Jahrhunderten in ihrem Überleben bedroht wurden.

Um dieser Falle zu entkommen, um wirklich eine Zukunft zu haben, bleibt uns nichts anderes übrig, als uns radikal zu verändern. Die größte Aufgabe, vor der unsere Generation steht, ist: das System zu verändern, das diese Krise ausgelöst hat.

»Wir müssen nicht nur über den Tellerrand hinausschauen«, sagte der südafrikanische Umwelt- und Menschenrechtsaktivist Kumi Naidoo, Generalsekretär von Amnesty International. »Wir müssen den Teller nehmen und ihn sehr, sehr weit wegwerfen.«

4
Das System infrage stellen

Ich blinzele gegen die Sonne. Es ist fast acht Uhr, als wir endlich aus dem Zollgebäude treten. Jetzt müssen meine Daten aufgenommen werden, ein Foto für die Unterlagen wird gemacht.

Der polizeiliche Erkennungsdienst ist im Flüchtlingslager, wir fahren nur ein paar Minuten, die Insel ist klein. Im Anschluss an den Fototermin werden sie mich hoffentlich direkt zu dem Haus bringen, wo ich bis zur Anhörung bleiben muss.

Vor dem Eingang zum Lager sitzen auf der Treppe einige unserer Gäste. Sie klatschen, als sie mich sehen, ich bleibe kurz bei ihnen stehen. Also haben sie die Menschen tatsächlich inzwischen von Bord geholt.

Ich sehe, wie müde und besorgt sie sind, und mir wird klar, wie unsicher ihre Situation hier ist. Es kann lange dauern, bis sich geklärt hat, wohin sie letztlich gebracht werden, und bis sie wissen, welches Land sie aufnimmt. Dass sie es bis nach Europa geschafft haben, heißt nicht, dass sie auch bleiben dürfen. Vielleicht war die ganze beschwerliche Fahrt, die ganze Todesangst auf dem Meer umsonst. Ich tröste mich mit dem Gedanken, dass sie immerhin aus Libyen raus sind. Einer der Beamten, mit denen ich hergekommen bin, ein stämmiger Mann mit Halbglatze, ist vorgegangen, er nickt mir zu und hält die Glastür auf.

Ich erklimme die wenigen Stufen und trete ins Innere des

Flachbaus, in dem es nur unwesentlich kühler ist als draußen, es riecht etwas muffig und nach Allzweckreiniger.

Der Polizist führt mich zu einem Gang mit mehreren Bürotüren. Er wirkt steril, obwohl in der Ecke ein Mülleimer steht, der überquillt.

Der Mann öffnet eine der blassgrünen Türen.

Polizeifoto, Fingerabdrücke, die Prozedur geht relativ langsam vonstatten. Als wir fertig sind, holen wir meinen Rucksack von der Zollstation, den mir jemand von der Crew inzwischen gepackt hat, dann fahren mich die Beamten zu einem kleinen weiß getünchten Haus. Eine Frau nimmt mich in Empfang und weist mir ein Zimmer zu.

Eine Stunde später liege ich nach dem Duschen im Bett unter frischen Laken, zwischen den Vorhängen dringen Sonnenstrahlen durch, zeichnen eine scharfe Linie an die Wand, mitten durch ein Foto.

Scheiße, denke ich. *Jetzt ist die Mission zu Ende, und ich kann nicht zum Schiff zurück. Ich hatte der Crew versprochen, dass wir die Mission noch gemeinsam nachbesprechen, aber das wird ohne mich stattfinden müssen.*

Es fühlt sich an wie Wortbruch. Dann fallen mir vor Erschöpfung die Augen zu, im nächsten Moment bin ich eingeschlafen.

Als ich aufwache, ist es später Nachmittag.

Durch einen bunten Glasperlenvorhang gehe ich in den Garten, in dem Orchideen und Bougainvilleen blühen und zwischen Töpfen mit Palmen einige flache große Steine zu einem schmiedeeisernen Gartentisch mit Glasplatte führen. Da sitzt die Frau, die mich aufgenommen hat.

Eine Mauereidechse, die sich auf einem Stein gesonnt hat, flitzt davon, als ich zu dem Tisch hinübergehe.

Die Frau blickt von ihrer Zeitung auf.

»Coffee?«, fragt sie mich. Doch bei dem Gedanken zieht sich mein Magen zusammen. Kaffee hatte ich letzte Nacht wahrlich genug.

»Wasser, gerne.« Sie spricht gut Englisch, und ich bin froh, nicht mit ihr radebrechen zu müssen.

Die Frau erzählt, dass ihr jemand von Sea-Watch im Dorf ein paar Lebensmittel übergeben hat, während ich geduscht habe.

Ich darf das Haus bis zur Anhörung nicht verlassen, darf keinen Besuch empfangen außer den Anwälten und auch niemanden anrufen oder das Internet benutzen.

Es ist so ein Kontrast, diese bürgerliche Normalität des Hauses, in dem ich mich aufhalte, zum Flachbau des Lagers. Montag früh um sieben kommen sie mich abholen. Die Anhörung ist in Agrigent, der Hauptstadt der Provinz, die ebenfalls Agrigent heißt, sie liegt an der Südwestküste Siziliens, vier Stunden entfernt.

Auch am Sonntag gibt es natürlich noch keine Aussage dazu, was mit unseren ehemaligen Passagieren passieren wird, mit brauchbaren Informationen rechne ich erst in Wochen oder gar Monaten.

Obwohl Frankreich, Deutschland und Portugal angeboten haben, sie aufzunehmen, kann die Umsetzung dieser Versprechungen länger dauern. Es gibt keine geregelte Umverteilung, jedes Mal ist es ein undurchsichtiger Prozess, vor allem für die Geflüchteten selbst. Sie stehen in den Schlagzeilen, aber für ihre Schicksale interessiert sich am Ende doch kaum jemand. Die Mächtigen twittern, die Talkshows laufen, die Menschen sitzen auf unbestimmte Zeit und ohne Informationen im Lager fest.

Die Öffentlichkeit, die Politik, Internetbenutzer und die Fernsehzuschauer – sie sehen nicht dahin, wo es wirklich wichtig wäre.

Vor Jahren hat es mal einen Fall gegeben, ein Gummiboot, das im März 2011 von Tripolis aus Richtung Lampedusa startete, 72 Menschen an Bord, die hofften, es bis nach Europa zu schaffen. Mitten auf dem Ozean war der Tank leer, sie drifteten zwei Wochen lang herum. Ohne Wasser, ohne Nahrung, mitten auf dem Meer sich selbst überlassen, überlebten nur neun von ihnen die Tortur. Was diesen Fall darüber hinaus so entsetzlich macht, ist, dass die Überlebenden berichteten, ihr Notruf über das Satellitentelefon sei unbeantwortet geblieben, obwohl ihr Boot von vielen Schiffen verschiedener Nationen gesichtet worden sei. Sie konnten ein Flugzeug genau beschreiben, ein Militärhubschrauber sei über ihnen gekreist und habe nur Wasser und Kekse abgeworfen, statt ihnen wirklich zu helfen.

Wie muss es sein, wenn um einen herum alle sterben?

Wenn einem keiner hilft, alle nur zuschauen? Jemand hätte zugreifen, die Menschen aus dem Boot ziehen, sie in Sicherheit bringen müssen. Statt die meisten einfach sterben zu lassen.

Es ist höchste Zeit, dass alle Menschen begreifen, worum es in der Klimakrise und beim Zusammenbruch der Ökosysteme wirklich geht: ums Überleben. Wir müssen akzeptieren, dass sofortige wirksame Maßnahmen notwendig sind, die zwangsläufig mit starken Einschnitten für diejenigen einhergehen, die im Globalen Norden leben. Einschnitte allerdings, die in vielerlei Hinsicht auch keine sind, sondern dazu beitragen, vielen Menschen auf der Welt ein gutes Leben zu ermöglichen – inklusive uns selbst.

Wir haben die Wahl, ob wir angesichts der Klimakrise mehr Menschlichkeit zulassen wollen oder die Menschenrechte verfallen lassen. Und wir haben die Wahl, ob wir weiter so viel CO_2 ausstoßen wollen, weil uns kurzfristige Interessen wichtiger sind, oder ob wir dem Raubbau an der Welt wirksam etwas entgegensetzen.

Entscheidend ist dabei, wie die Klimaaktivistin und klinische Psychiaterin Jane Morton sagt, dass wir endlich richtig über die Krise sprechen – nämlich so, dass die Dringlichkeit bei allen ankommt, mit denen wir darüber reden. In ihrer Abhandlung »Don't Mention the Emergency?« erklärt Morton, dass es viel zu verharmlosend ist, Wörter wie Klimawandel zu verwenden, weil es Menschen nachweislich dazu verleitet, sich einer angemessenen Reaktion darauf zu entziehen. Wir dürfen daher nicht mehr länger von einem Klimawandel sprechen, sondern müssen es als das bezeichnen, was es ist: eine *Klimakatastrophe*.

Nur Angst vor dem Zusammenbruch der Ökosysteme, nur Sorge ums Überleben bewirkt, dass wir den Ernst der Lage anerkennen und uns verändern. Und nach allem, was ich bei meinen Polarfahrten und als Freiwillige in Naturparks gesehen habe, ist diese Angst sehr berechtigt. Es hilft nichts, Angst zu verbergen oder zu versuchen, den Zusammenbruch der Ökosysteme zu verharmlosen. Er ist: gefährlich.

Der Notfall muss auch immer wieder Thema sein, die Nachrichten darüber dürfen nicht abreißen. Wir brauchen mehr prominente Stimmen, die sagen, wie es um uns steht, und wir alle müssen selbst darüber reden. Die Berichterstattung in den großen Medien ist vielfältig, aber bis zu diesem Tag ist sie der kritischen Lage nicht angemessen. Wie sollen die Menschen wissen, was los ist, wenn es von den Medien nicht in der vollen Dringlichkeit transportiert wird?

Jane Morton sagt, dass wir jedoch nicht darüber reden sollten, ob es ein oder zwei oder drei Grad sind, um die sich die Erde erwärmt. Die Message muss sein: Es ist schon jetzt zu warm. Wir wollen nicht, dass es noch wärmer wird. Das sehen sicher auch die Menschen in Indien und Bangladesch so.

Wir sollten auch nicht darüber reden, wie viele Jahre wir noch haben, in denen wir handeln können, oder wie viel Kohlenstoffdioxid-Budget übrig ist – weil das letztlich nur erlaubt, das Thema weiter nach hinten zu schieben, und weil es dann so klingt, als gäbe es irgendeine Garantie dafür, dass 1,5 oder 2 Grad sicher seien und man bis dorthin ein Budget ausrechnen könne.

Die ganze Idee ist ziemlich absurd. Das Budget ist grundsätzlich eine neutrale naturwissenschaftliche Größe, aus der man ableiten kann, wie schnell der gesellschaftliche Wandel passieren muss.

Das Denken in Budgets verhindert allerdings, dass wir schnell handeln; der Ansatz, man könne noch ein bestimmtes Maß an Emissionen ausstoßen, bedeutet nämlich auch, dass man eine ehrliche Diskussion vor sich herschiebt. Zudem richtet sich die Politik des Globalen Nordens an dieser Größe aus, ohne zu bedenken, dass schon jetzt viele Menschen von der Klimakatastrophe betroffen sind. Sie müssen vor Extremwetter und steigendem Meeresspiegel fliehen, weil sich andere, die dafür verantwortlich sind, diesen Puffer erlauben.

Insofern ist es eine grundlegende Gerechtigkeitsfrage, wie das noch verbleibende Budget verteilt wird: Wenn ein Reduktionsmodell für Emissionen gerecht sein soll, müssen die reichen Nationen ihr Budget noch viel schneller reduzieren als der Durchschnitt, damit ärmere Regionen die Freiheit haben, selbst darüber zu entscheiden, wie sie ihre Infrastrukturen weiterentwickeln wollen.

Statt sich damit aufzuhalten, immer wieder wissenschaftliche Tatsachen durchzukauen, um die Lügen von Klimawandelleugnern zu widerlegen, sollten wir uns lieber darauf konzentrieren, dass die Katastrophe abgewendet wird. Wenn ein Haus brennt, geht man auch nicht herum und sagt denen, die darin wohnen, dass man sich über konkrete Maßnahmen erst einmal beraten sollte. Man sendet eine klare Botschaft, dass sie in Gefahr sind, evakuiert und löscht.

Erst wenn wir wirklich verstanden haben, wie gefährlich die aktuellen Entwicklungen schon jetzt für die Menschen in ärmeren Ländern und in naher Zukunft auch für uns in den Industriegesellschaften sind, werden auch diejenigen, die bisher noch beschwichtigen, alles tun wollen, um zu verhindern, dass die Erwärmung von zwei Grad uns gefährlich nahe an die Kipppunkte im Klimasystem heranrückt, die kaskadenartig weitere Effekte auslösen und uns in eine Heißzeit katapultieren.

Dass Organisationen wie die NASA außerhalb unseres Sonnensystems endlich einen bewohnbaren Planeten finden, ist illusorisch. Sie mögen es für eine gute Idee halten, dass wir uns auf dem Mond ansiedeln und den Ort verlassen, an dem die Menschheit entstanden ist – einen Planeten mit bisher relativ mildem Klima. Doch auf dem Mond können in absehbarer Zeit keine Menschen existieren. Solche technokratischen Lösungsmythen sind kein Ausweg für unsere Generation.

Uns reicht keiner die Hand. Darum müssen wir alle Kräfte mobilisieren, um unsere Rechte gegen die vorherrschende Politik des Business-as-usual und eine auf Profit, Konkurrenz und Wachstum ausgerichtete Wirtschaft selbst zu verteidigen.

Die Psychologin Renee Lertzman hat herausgefunden, dass die meisten Menschen die Klimakrise nicht wahrhaben wollen und vor sich selbst verleugnen, weil sie sich in einem Zwiespalt befinden zwischen ihrem Wunsch, wie gewohnt weiterzuleben, und ihrer Neigung, Teil der Lösung sein zu wollen. Wir müssen akzeptieren, dass komplexe Gefühle normal sind und wir gute wie schlechte Gedanken dazu zulassen müssen – von der Tatsache, dass die Lage ernst ist und noch schlimmer wird, über die Tatsache, dass Menschen eine sehr erfinderische Spezies sind, bis zur Tatsache, dass es schwierig werden wird und dass der oder die Einzelne zählt, obwohl es um unser aller Wohl geht. Wir müssen Wege finden, offen zu kommunizieren und Ängste anzusprechen, wenn wir kreative Lösungen und aktives Handeln anregen wollen.

Der Zusammenbruch der Ökosysteme ist groß, viel größer als der Verlust eines geliebten Menschen, dennoch lassen sich in der Verarbeitung beider Ereignisse die gleichen Phasen erkennen. Phasen der Wut, der Resignation, Verleugnung und des Akzeptierens wechseln sich ab. Wenn jemand zögert, sich gegen die Klimakrise zu engagieren, kann es auch sein, dass er oder sie sich schuldig fühlt – denn Menschen mit einem ressourcenintensiven Lebensstil sind daran beteiligt, sie anzufachen. Zu sagen, dass sich der einzelne Mensch aufgrund seiner Konsumentscheidungen schuldig mache, lenkt aber vom eigentlichen Problem ab: Das System, in dem wir leben, ist falsch.

Es ist Zeit, dass wir überfällige Systemänderungen vornehmen. Seit fast einem halben Jahrhundert ist bekannt, dass wir mit unserem derzeitigen Wirtschaftssystem und Ressourcenverbrauch die Welt vor die Wand fahren. 1972 erschien der erste Bericht des Club of Rome, *Die Grenzen des Wachstums*. Das Team aus zahlreichen Fachrichtungen um die Wissenschaftlerin Donella Meadows untersuchte fünf Faktoren mit globaler Wirkung: Industrialisierung, Bevölkerungswachstum, Unterernährung, Ausbeutung von Rohstoffreserven und Zerstörung von Habitaten. Es stellte fest, dass Industrialisierung, Umweltverschmutzung und Bevölkerungswachstum zusammen so schädlich seien, dass sie den Planeten innerhalb von 100 Jahren zugrunde richten würden.

Schon damals hätte man reagieren müssen. Wir hätten nach dem Vorsorgeprinzip handeln müssen, das bei der Gesundheitsvorsorge und in der Umweltpolitik zur Anwendung kommt. Seit dem Bericht des Club of Rome ist viel zu viel Zeit verstrichen. 1992 und 2004 wurden Folgestudien des Club of Rome erstellt, die die ursprünglichen Prognosen im Wesentlichen bestätigten. Unsere Ressourcennutzung sei weiterhin zu hoch, unser Rohstoffverbrauch und die damit verbundenen Abfallstoffe schadeten einer immer größeren Anzahl von Menschen – in allen Erdteilen, aber vor allem im Globalen Süden.

Viele Menschen haben bei jeder Warnung sicher sehr gut verstanden, dass es besser wäre, endlich etwas gegen Ungerechtigkeit und Umweltzerstörung zu tun. Aber sie fühlen sich noch nicht direkt betroffen. Sie wollen keine Veränderung. Sie haben Angst vor dem Verlust ihres Wohlstands. Oder sie wissen einfach nicht, wo sie als Einzelne ansetzen sollen.

Dabei bietet die Erde mehr als genügend Mittel, um die derzeit sieben Milliarden und zukünftig zehn Milliarden Menschen zu ernähren. Natürlich nur, wenn dies im Wesentlichen pflanzlich geschähe. Hierbei muss man sich klarmachen, welche ethische Frage dahintersteht: Es geht um die Abwägung der Einbuße durch weniger Fleischkonsum mit dem Recht auf Leben vieler Menschen, das durch die Klimakrise gefährdet ist.

Wir wissen heute auch, dass nicht das Anwachsen der Weltbevölkerung das Problem ist, sondern der Ressourcenverbrauch und Konsum in den reichen Ländern – es ist oft genug belegt und gesagt worden: Es gibt nicht zu viele Menschen. Es gibt nur einige Menschen, die zu viel verbrauchen. Und die Übernutzung durch diese Minderheit sprengt die planetarischen Grenzen. Zudem wächst diese Minderheit rasant, denn zahlreiche Länder wollen das verheißungsvolle Modell aus Konsum und Wachstum kopieren. Angetrieben wird diese Maschinerie zudem durch die Profitinteressen vor allem multinationaler Großkonzerne.

Trotzdem nehmen wir in Kauf, dass die Krise sich weiter zuspitzt. Momentan baden dies ungerechterweise andere Menschen aus, aber das wird sich in Zukunft mit großer Wahrscheinlichkeit ändern – dann betrifft es uns selbst, wenngleich wir noch auf lange Sicht damit rechnen können, mehr Ressourcen als andere zur Verfügung zu haben, um uns gegen die Auswirkungen der Katastrophe zu schützen. Schon seit geraumer Zeit erleben wir Verteilungskämpfe statt Solidarität angesichts der Katastrophe. Abschottung statt Rettung von Menschenleben. Wir sehen, dass politische und soziale Systeme in vielen Teilen der Erde zusammenbrechen. Die Lösungsstrategie unserer Regierungen auf diese Krisen ist Gewalt. Wir stehen noch ziemlich am Anfang dieser Konflikte. Mit zunehmender Veränderung des Weltklimas werden sie sich massiv verschärfen.

Instabil durch Dürre sind nicht nur Länder wie Syrien, sondern auch viele Staaten des afrikanischen Kontinents. Kämpfe wie 1981 bis 1991 um Ackerland nach einer Trockenperiode an der Grenze zwischen Mauretanien und dem Senegal oder Konflikte wie der zwischen Ägypten, dem Sudan und Äthiopien um das Nilwasser beim Bau des Großen Äthiopischen Renaissance-Damms können häufiger werden. Den ersten Unruhen des Arabischen Frühlings ging ein Grundnahrungsmittelengpass voraus – Öl, Zucker und Mehl verteuerten sich stark.

Solche Entwicklungen treiben auch die Regierungen reicher Staaten um, die wissen, dass sie den Zulauf zu Terrornetzwerken wie Boko Haram oder dem Islamischen Staat begünstigen. CIA-Direktor John Brennan zeigte sich 2015 in einer Rede besorgt über Sicherheitsrisiken, die durch humanitäre Krisen wie Wassermangel oder Nahrungsmittelknappheit entstehen. Sorgen macht sich Brennan natürlich nur darum, dass dies für Industrieländer zum Sicherheitsrisiko werden könnte, nicht um die direkt betroffenen Menschen vor Ort.

Die Konflikte sorgen außerdem für die Ausbreitung des verheerenden Wachstumsmodells. Mittels Finanzierung der einen oder anderen Konfliktpartei versuchen die Industrieländer nämlich ihre wirtschaftlichen und geopolitischen Interessen durchzusetzen.

Sobald ein Land nach dem Zusammenbruch eines Regimes oder durch eine Naturkatastrophe instabil geworden ist, wird den Interessen ausländischer Unternehmen der Boden bereitet, indem IWF und Weltbank das Terrain sondieren und durch Kreditvergabe langfristige Abhängigkeiten herstellen, wie die Journalistin Naomi Klein in ihrem Buch *Die Schock-Strategie* beschreibt. Die Profiteure sind lokale Eliten, die oftmals gegen die Interessen ihrer Bevölkerung Boden und öffentliche Güter an ausländische Investoren verkaufen. Und ein Wirtschaftssystem, das inzwischen einen Selbstzweck erfüllt: stetes Wachstum.

Der Wachstumsgedanke ist in unseren Gesellschaften tief verankert. Schon Franklin D. Roosevelt versprach mit seinem New Deal, einem vom Staat finanzierten Konjunkturpaket, durch Wachstum die Weltwirtschaftskrise der Dreißigerjahre zu beenden. Seit jener Zeit gilt Wirtschaftswachstum als Maß für den Erfolg einer Regierung. In den Jahren danach stellte man fest, dass die Kriegswirtschaft sich positiv auf Beschäftigung, Produktivität und Innovationen auswirkte. Etwas später, in der Zeit des »Wirtschaftswunders« der Fünfzigerjahre, wurde steigender Wohlstand, also die Versorgung der Bevölkerung mit Konsumgütern, zum Motor der Wirtschaft.

Seit jener Zeit steht die Steigerung des Werts aller Wirtschaftsleistungen, das Bruttoinlandsprodukt, als höchstes Ziel auf der Agenda der Politik. Wenn sich das Wachstum abschwächt, rechtfertigt dies von konservativer Seite Sozialabbau, Privatisierung, Sparzwang und eine Rückkehr zu traditionellen Rollenmustern, weil unbezahlte Familienarbeit oft von Frauen übernommen wird. Zudem wird die Umwelt immer weiter ausgebeutet, Menschen in anderen Ländern arbeiten für die Güter des Globalen Nordens unter schwersten Bedingungen.

Die Mechanismen des Wachstums und auch die falsche Reaktion der Politik darauf haben uns durch die Ausbeutung von Menschen und Umwelt erst in die aktuelle Krise geführt. Sie bewirken, dass die falschen Lösungen angestrebt werden. Unternehmen arbeiten profitorientiert, den Renditeerwartungen werden soziale und ökologische Aspekte untergeordnet statt umgekehrt. Der Konkurrenzdruck setzt die Unternehmen unter Druck, denn nur wer wächst, ist langfristig auf dem globalisierten Markt überlebensfähig. Werbung und Marketing, die gebraucht werden, um sich gegen die Konkurrenz durchzusetzen, heizen die Wachstums- und Konsumspirale weiter an.

Die Konkurrenzlogik dominiert auch das Verhalten der Staaten zueinander: Die »eigene« Wirtschaft soll wettbewerbsfähig sein, die eigenen Standorte sollen gesichert werden. In Deutschland, das ständig meint, Exportweltmeister sein zu müssen, ist das besonders deutlich, kein Wunder, wenn ein Staat durch Subventionen wie im Bereich fossiler Energieträger die Konkurrenz ausstechen will und durch Prämien den Konsum fördert, statt Energieverbrauch und Ressourcenausbeutung einzuschränken und zu limitieren. Letztlich wurde die Wachstums- und Konkurrenzlogik in sehr vielen Lebensbereichen verinnerlicht – wir optimieren uns und unsere Kinder, wir sehen uns gegenseitig viel zu oft als Konkurrenz an, wir haben das »Höher, schneller, weiter« bis in unsere Freizeitgestaltung hinein geschluckt.

Organisationen wie Climate Action Network und andere ermittelten, dass die EU trotz des Versprechens, schädliche Unternehmen bis 2020 nicht mehr zu fördern, fossile Energieträger zwischen 2014 und 2016 mit über 112 Milliarden Euro jährlich subventioniert hat. Ein großer Teil davon waren Steuererleichterungen für Diesel, und auch Kohle und Gas wurden weiter unterstützt und energieintensive Unternehmen gefördert.

Dazu kommt, dass Reiche weiterhin nicht ausreichend besteuert werden und man Firmen kaum zur Rechenschaft zieht, wenn sie die Umwelt zerstören. Alles ist darauf ausgerichtet, das System zu erhalten, damit Menschen in den Industriestaaten weiter konsumieren und die Wirtschaft immer weiter wächst. Wer in diesem System denkt, für den ist jede Krise eine Wirtschaftskrise. Und er oder sie hat keine Chance, von diesem Denken abzuweichen und sich für eine Welt einzusetzen, in der es weniger um Konkurrenz und mehr um den Sinn geht, den jeder Mensch für sich im Leben finden kann. Würde dies im Vordergrund stehen, hätten Menschen stärker das Gefühl, schwierige Situationen aus eigener Kraft bewältigen und sich mehr für die Gestaltung der Gesellschaft einsetzen zu können.

Es wundert daher nicht, dass das Allheilmittel für die Krise so heißt wie Roosevelts Wirtschaftsplan: Green New Deal. Neuer ökologischer Konsum soll gegen die multiple Krise der Finanzwelt, des Wirtschaftssystems und der Umweltzerstörung helfen. Es sollen Anreize gesetzt werden, die gleichzeitig die Wirtschaft ankurbeln. Grüne Techniken und Verfahrensweisen sollen Stellen schaffen, grüne Investitionen sollen in die Förderung erneuerbarer Energien, aber auch in den Ausbau öffentlicher Verkehrsmittel oder Gebäudesanierungen fließen. Ressourcen sollen angeblich schonend genutzt werden, umweltfreundliche Innovationen sollen ein nachhaltiges Wachstum erzeugen.

Die Überzeugung, die dahintersteht: Wir brauchen nur die richtigen technologischen Lösungen, dann werden wir auch unsere ökologischen Probleme in den Griff bekommen.

Dieser Ansatz aber ist naiv. Er verkennt, dass Effizienzgewinne von noch mehr Wachstum wieder aufgefressen oder zumindest stark gemindert werden. Er sieht nicht, dass es soziale, gesellschaftliche Lösungen braucht, die bewirken, dass wir auch mit weniger Konsum und Produktion zurechtkommen. Die Strategien, die das »grüne Wachstum« (Green Growth) anbietet, sind Teil des Systems, das die Krise ausgelöst hat. Auch für den Ausbau erneuerbarer Energien ist der Abbau von begrenzten Rohstoffen notwendig, verbunden mit gravierenden ökologischen Schäden und nicht selten Menschenrechtsverletzungen. Auch nachhaltige Produkte verbrauchen Ressourcen und lassen nicht die Frage aufkommen, ob Lebenssinn und Zufriedenheit nicht eher jenseits von Konsum zu finden sind. Die vermeintliche Lösung des »grünen Wachstums« stellt das generelle Wachstumsmodell der Wirtschaft nicht auf den Prüfstand. Wachstum geht immer mit Ausbeutung von Ressourcen und Arbeitskraft und somit ökologischen und humanitären Schäden einher.

Wenn beispielsweise im Rahmen des »grünen Wachstums« Elektroautos gefördert werden, um das Dogma der individuellen Mobilität nicht zu hinterfragen, wächst ein Teil der Autobranche, alte Wagen werden verschrottet, neue erzeugt. Die Nachfrage und Subventionen sorgen so zumindest für kurze Zeit an einer Stelle für starkes Wachstum, das durch die energiereiche und ressourcenintensive Herstellung der E-Autos erkauft wird. Am einen Ort sparen wir so Emissionen durch Abgase ein, am anderen werden diese erzeugt, meist in anderen Ländern. Zudem wird bei der Förderung von Lithium, das auch in Handyakkus steckt, in der Salzwüste Salar de Uyuni in Bolivien oder in den angrenzenden Gebieten in Chile und Argentinien eine große Menge umweltschädlicher Staub frei, zudem werden Unmengen von Wasser benötigt: Für eine Tonne Lithium sind es etwa eine Million Liter. Das bedeutet, auch E-Autos verbrauchen Ressourcen, und die sind nachhaltig nicht zu haben.

Abgesehen davon wächst die Zahl der neu zugelassenen Autos sowieso stetig, was an sich schon ein Problem darstellt. Natürlich braucht es auf der einen Seite massive Investitionen in nicht fossile Mobilität – damit die aber wirklich nachhaltig ist, muss der öffentliche Nahverkehr gestärkt und die Fahrradinfrastruktur kräftig ausgebaut werden, wie dies nur in wenigen Ländern der Fall ist. Denn auf der anderen Seite muss der Verbrauch insgesamt gesenkt werden, und die auf fossile Treibstoffe angewiesenen Industrien müssen abgewickelt werden.

Das Dilemma des »grünen Wachstums« betrifft viele Branchen. Grünes Wachstum soll durch neue Technologien Ressourcen einsparen und negative Auswirkungen auf die Umwelt vermeiden. Wachstum und Ressourcenverbrauch sollen sich also entkoppeln: Die Wirtschaft soll weiter wachsen, aber in größerem Maß als die negativen Auswirkungen auf die Umwelt – man nennt dies *relatives Entkoppeln*. Eine andere Hoffnung ist sogar, dass die Ressourcenausbeutung bei stetigem Wachstum auf dem gleichen Level bleibt oder sinkt, sogenanntes *absolutes Entkoppeln*, was aber, wie Studien zeigen, nie der Fall ist.

Weiter darauf zu hoffen, dass Entkopplungen ausreichen,

um der gravierenden Krisen Herr zu werden, ist naiv. Denn obwohl die Kohlenstoffintensität sich zwischen 1990 und 2015 pro Jahr um 0,6 Prozent in Relation zum Bruttoinlandsprodukt verringert hat, wuchs das Pro-Kopf-Einkommen jedes Jahr um 1,3 Prozent und hat auf diese Weise in 25 Jahren zu einer Steigerung von 62 Prozent geführt. Auch wenn Techniken gefördert werden, die das Wirtschaftswachstum vom Ressourcenverbrauch abkoppeln sollen, wird die Umwelt durch steigendes Wachstum also immer weiter belastet.

Um Emissionen zu vermeiden, werden außerdem problematische Ressourcen verbraucht – im Fall von Elektroautos das Lithium für die Akkus, für Windradmagneten seltene Erden wie Dysprosium oder Neodym, bei Biogasanlagen oder Biotreibstoffen Flächen, die für den Anbau der Pflanzen, meist Raps oder Mais, verwendet werden.

Es ist ein strukturelles Problem.

Solange die Menge der Güter, die Menschen konsumieren, immer gesteigert werden soll, wächst notwendigerweise auch der Verbrauch der Ressourcen. Drei große Studien haben dies in den letzten Jahren belegt, eine leitete die deutsche Forscherin Monika Dittrich. Sie errechnete, dass bei einem Wirtschaftswachstum von 2 bis 3 Prozent jährlich selbst bei effizienter Ressourcennutzung im Jahr 2050 fast doppelt so viele Ressourcen verbraucht würden, als nachhaltig wäre. Eine weitere Studie besagt, dass, selbst wenn alle Staaten in der Ressourcennutzung doppelt so effizient wären und selbst bei einer weltweiten CO_2-Steuer von 236 Dollar pro Tonne immer noch keine Reduktion des Ressourcenkonsums zu erreichen sei, wenn man das Wachstum beibehalten will. Und schließlich zog eine Studie des Umweltprogramms der

Vereinten Nationen die Schrauben in der Gleichung noch einmal an: Wie sich zeigt, ist selbst bei einer globalen CO_2-Steuer von 573 Dollar pro Tonne und staatlich subventionierter schnellerer Effizienzsteigerung keine Verbesserung zu erreichen – im Gegenteil, denn die UN-Forschenden berücksichtigten erstmals auch den Effekt, dass durch geringere Ressourcennutzung die Waren billiger würden, was wiederum die Nachfrage ankurbelt.

Selbst unter idealen Laborbedingungen bringt also »grünes Wachstum« nicht die Ergebnisse, die sich die Politik heutzutage davon erhofft. Es ist eine gefährliche ökonomische Illusion, die zudem weitere Armut auslöst.

Ressourcenintensive Industrie zerstört die Lebenswelt vor allem armer Menschen, indem sich Firmen deren Land aneignen. Wenige Reiche profitieren davon, wenn sie über die Preise für Wohnraum oder Wasser bestimmen können, und arme Menschen können sich aufgrund der Teuerungsraten immer weniger leisten. Dies passiert etwa in afrikanischen Staaten, von denen viele theoretisch reich sind aufgrund ihrer Bodenschätze, von denen aber nur eine kleine Minderheit lokaler Eliten und ausländischer Investoren etwas hat. Um diese Ungerechtigkeit nicht deutlich werden zu lassen, werden Statistiken durch Anpassung von Bemessungsgrößen verändert – je nachdem, was das gewünschte Ergebnis ist.

Bevor die Weltbank im Zuge der Erfüllung der Ziele für nachhaltige Entwicklung (*Sustainable Development Goals*, SDG) die Armutsgrenze auf 1,90 Dollar pro Tag anheben musste, lag diese bei einem Dollar pro Tag. Die Vorgabe für die Millennium Campaign der Vereinten Nationen zu jener Zeit war, Armut weltweit bis 2015 um die Hälfte zu verringern. Sie erreichten dieses Ziel vor der Zeit, indem sie die Statistik schönten und in Prozent der Bevölkerung rechneten statt in realen Zahlen. Aus einem Dollar, den eine Person am Tag zur Verfügung hat, wurde Einkommen. Und nachdem das Bevölkerungswachstum einberechnet war, war die Armut in der Bevölkerung auf dem Papier eindrucksvoll geschrumpft.

Auch bei 1,90 Dollar am Tag sind die Lebenshaltungskosten vor Ort in den verschiedenen Ländern nicht berücksichtigt. Diese Armutsgrenze ist willkürlich und viel zu niedrig, selbst wenn damit mehr Menschen als arm anerkannt werden – es wäre ehrlicher, wenn von einem Unterhaltssatz wie 7,40 Dollar ausgegangen würde, der mindestens das ermöglicht, was laut Wissenschaft generell für eine vernünftige Ernährung und Unterhalt nötig ist.

Der eigentliche Witz aber ist, dass Wohlstand nicht nur die Armut in anderen Ländern befördert, sondern dass er Menschen nach der Befriedigung der Grundbedürfnisse meist nicht glücklicher macht. Studien weisen sogar nach, dass das Streben nach Geld und Erfolg dem Wohlbefinden und inneren Werten zuwiderläuft. Ein Leben in Wohlstand, so, wie es etwa der Durchschnittseuropäer lebt, hat einen hohen Preis, es ist unter anderem durch die Medien, Mobilität und Vernetzung stark beschleunigt, wir empfinden unsere Arbeit oftmals als sinnentleert, arbeiten in stark abhängigen, hierarchischen Strukturen.

Ein anderes, weit gravierenderes Problem ist die ungleiche Verteilung von Vermögen und Einkommen. Selbst wenn das Bruttoinlandsprodukt wächst, kommt der Wohlstand nicht bei allen gleich an, und während das oberste Prozent reicher Menschen 40 Prozent des Weltvermögens besitzt, gehört der ärmeren Hälfte der Welt nur 1 Prozent.

Studien zeigen aber, dass gerechte Verteilung einer Gesellschaft Vorteile bringt: Menschen sind glücklicher und gesünder in Gesellschaften, in denen der Wohlstand gerechter verteilt ist, es herrscht weniger Gewalt, es gibt weniger Übergewicht. Das System des ständigen Wachstums treibt uns hingegen ständig an, es erzeugt Ungleichheit. Und es führt überdies in vielen Fällen zu psychischen Erkrankungen, weil die eigene Leistungsfähigkeit ständig bis an die Grenzen ausgeschöpft wird und wir diese möglichst noch überschreiten sollen – wenn alles ständig wachsen soll und man sich selbst unentwegt optimiert, erreicht man nie ein Ziel, höchstens Etappen in einem atemlos machenden Rennen. Fast jeder kennt inzwischen jemanden, der von Burn-out, Essstörungen oder Depressionen betroffen ist – es sind typische Erkrankungen unserer Zeit, die mit dem Credo der Leistungsgesellschaft zu tun haben.

Es ist dringend erforderlich, dass wir Gesetze einführen, die den Ressourcenkonsum der Menschen in der Wohlstandsgesellschaft bremsen. Der Emissionshandel ist keine Antwort darauf: Er begrenzt zwar die Menge der Emissionen, aber nach Marktmechanismen, die der Gerechtigkeit widersprechen und nur einer echten Lösung ausweichen, indem sie aus einem ökologischen Problem ein finanzielles machen. Es muss vor allem ein Limit für den Gesamtkonsum an Ressourcen her. Unternehmen müssen daran gehindert werden, aus der Zerstörung der Natur Profit zu schlagen. Andere Länder dürfen nicht länger ausgebeutet werden. Um wirklich etwas zu verbessern, muss es auf Konferenzen, die nach

Wegen aus der Klimakrise suchen, also nicht um Maßnahmen zur Umstellung auf »grünes Wachstum« gehen, sondern darum, dass unser Ressourcenkonsum verringert wird, dass wir erkennen, in welchen Bereichen Wachstum überhaupt nötig ist und wie wir in einem System ohne Wachstum gut leben können.

Eine bessere Ökonomie muss sich am guten Leben für alle orientieren. Ihr Ziel wäre es, soziale Ungerechtigkeit und Armut zu vermeiden und *common goods* – Güter der Allgemeinheit wie die Atmosphäre, die Polarregionen, die Weltmeere, das All, aber auch das Internet – allen Menschen zur Verfügung zu stellen. Genauso wie der Zugang zu *social goods*, also sozialen Gütern wie Gesundheitsversorgung oder Bildung, bezahlbares Wohnen und öffentlicher Nahverkehr, verbessert werden muss. Für die Nutzung dieser Güter muss es klare Regeln geben und ein Kontrollgremium, das dafür sorgt, dass die Regeln eingehalten werden und die Nutzung gerecht ist.

Viele Forschende beschäftigen sich bereits damit, wie ein alternatives Wirtschaftssystem aussehen müsste. Die Wirtschaftswissenschaftlerin Kate Raworth hat ein Modell entwickelt, in dem nicht gegen äußere, physische Grenzen unseres Planeten verstoßen werden darf: Wasserübernutzung, Klimawandel, Landübernutzung, Zerstörung der Ozonschicht, Ozeanversauerung, Verlust der Biodiversität dürfen uns nicht die Lebensgrundlage rauben. Zugleich berücksichtigt ihr Modell innere soziale Bedürfnisse, die erfüllt sein müssen, wie Nahrung und Wasserversorgung, Arbeit, Energie, Bildung, Einkommen und Chancengleichheit.

Ihr Wirtschaftssystem hat die Form eines Donuts, wobei die inneren sozialen Bedürfnisse die eine Grenze und die

Grenzen des Ökosystems die andere sind. Die inneren Grenzen dürfen nicht zulasten der äußeren ökologischen Grenzen erfüllt werden. Ein System, das die ökologischen Grenzen überschreitet, nur um wachsen zu können, so Raworth, nützt uns nichts: Wir brauchen ein System, das dem Menschen dient, nicht eines, das nur sich selbst dient. Um ein solches System zu erreichen, sei eine große Umverteilung notwendig, sie führe aber letztlich zu einer gerechteren und sicheren Welt, in der weder die Ökosysteme und das Erdklima noch die Gesellschaft zerstört werden.

Die Anthropologin Susan Paulson und der Ökonom Giorgos Kallis und viele weitere Forschende sind derselben Meinung. Die Wirtschaft dürfe nicht mehr weiterwachsen, denn durch das derzeitige System verstärke sich soziale Ungleichheit, wodurch nicht nur das Wirtschaftssystem leide, sondern auch das demokratische Fundament der Gesellschaft.

Sie schlagen ein System vor, das Wachstum als Ziel der Wirtschaft rigoros ablehnt, und nennen es Degrowth. In dem Forschungspool, der sich zu dem Thema gebildet hat, entstehen vielfältige Ideen:

Abschaffung des Bruttoinlandsprodukts als Indikator für wirtschaftlichen Fortschritt.

Ökologische Obergrenzen für CO_2 und natürliche Ressourcen.

Eine zusätzliche CO_2-Steuer, deren Einkünfte dann für soziale Projekte eingesetzt werden.

Ressourcennutzungsbegrenzung und Müllvermeidung.

Ein Mindesteinkommen – genau wie ein Höchsteinkommen. Arbeitszeiten von 20 Stunden pro Woche.

Eine Besteuerung, die Ungleichheit in der Gesellschaft mindert.

Ein Verbot von Werbung.

Die Beendigung umweltschädlicher Subventionen und Investitionen.

Oder Unterstützung des nicht gewinnorientierten kooperativen Wirtschaftssektors durch Subventionen, Steuerbefreiungen und Gesetzgebung.

Eine solche Ökonomie des Postwachstums ist auf ökologische Nachhaltigkeit und soziale Gerechtigkeit ausgerichtet, das Wohlergehen des Menschen steht im Mittelpunkt: Postwachstum bedeutet Entschleunigung, Zeitwohlstand und eine neue Art, miteinander zu leben. Der Globale Norden muss seinen Energieverbrauch rapide senken, um Menschen im Globalen Süden zu ermöglichen, die neokoloniale Abhängigkeit abzulegen – wie etwa die Tatsache, dass die Staaten des Globalen Nordens Entscheidungen über die Vergabe von Krediten treffen oder es in ihrer Macht steht, Schuldennachlässe zu gewähren oder zu verweigern. Erst so können sich dort ein gutes Leben und eine eigene Lebensart entwickeln, ohne dass die Modelle des Nordens kopiert werden. Insgesamt sollen besonders wenig Energie und Rohstoffe genutzt werden.

Diese Idee von Gerechtigkeit und einer neuen Art, gutes Leben zu definieren, wird an immer mehr Stellen gehört. 2018 versammelten sich Persönlichkeiten aus Wissenschaft und Politik in Brüssel, um über Postwachstumsstrategien für Europa zu beraten. 238 Forschende, die sich mit Degrowth beschäftigen, entwarfen Handlungsvorschläge für die EU, die sie in einem offenen Brief darlegten: Man solle eine Kommission für eine Postwachstumszukunft im EU-Parlament einrichten, wirtschaftliche Strategien daran messen, ob sie gut für das Wohlergehen der Menschen sind, ob sie Ressourcen schonen, für gleiche Chancen und angemessenes Auskommen sorgen. Der Stabilitäts- und Wachstumspakt solle zu einem Stabilitäts- und Wohlergehenspakt werden, und man solle in den einzelnen Mitgliedstaaten ein Ministerium für wirtschaftliche Transformation einrichten.

Wir müssen nicht immer den Blick auf die negativen Auswirkungen der Krise oder eine eventuelle Unausweichlichkeit der Ereignisse richten. Wir haben so viele Möglichkeiten, aus der Krise herauszukommen. Und wir sind an einem Punkt angelangt, an dem wir gar nicht anders können, als gute Ideen für uns zu nutzen.

Verschmutzer müssen zahlen, Naturzerstörung muss in unser Wirtschaftssystem eingepreist werden. Dass ein See ein intaktes Biotop ist, muss in unserer Gesellschaft einen Wert an sich haben, und saubere Luft und intakte Ökosysteme müssen als essenzieller Teil unseres Lebensnetzes anerkannt werden.

Das Bruttosozialprodukt muss als alles bestimmende Größe durch den Indikator echten Fortschritts (*Genuine Progress Indicator*, GPI) ersetzt werden – ein Wirtschaftsindikator, der misst, ob die Mehrproduktion von Gütern wirklich zu steigendem Wohlergehen führt. Wir brauchen dringend eine Gesellschaft und eine Politik, in der Erfolg und Wohlstand nicht rein über den Kontostand beschrieben werden und Glück nicht allein auf den Glücksversprechen der Werbeindustrie basiert, sondern durch Lebensqualität, Wohlbefinden und allgemeine Zufriedenheit erreicht wird.

In der wir mitbestimmen, was für uns ein gutes Leben ist. Ist es eines, das für einzelne Menschen auf Profit, für viele auf Selbstausbeutung, Konsum und Konkurrenz gründet, das große Schäden an anderer Stelle für andere Menschen bedeutet? Oder eines, in dem soziale Kontakte, Nahrungsmittelversorgung, Gesundheit, Bildung und eine intakte Natur die höchsten Werte darstellen?

Schon jetzt gibt es neben Klagen innerhalb der bestehenden Gesetzessysteme viele gute juristische Initiativen zur Schaffung neuer Gesetze, die auf die Erdzerstörung direkt Bezug nehmen. Die britische Anwältin Polly Higgins rief die Bürgerinitiative »Make Ecocide Law« ins Leben, die im Namen der Natur eintritt. Das erklärte Ziel dieser Initiative ist es, den Ökozid – also die Naturzerstörung durch wirtschaftliche Faktoren – neben Völkermord und Kriegsverbrechen als fünftes Verbrechen gegen die Menschlichkeit und den Frieden anerkennen zu lassen und damit strafverfolgen zu können. Auf diese Weise würde es möglich, Shell für die Klimakrise zu verklagen, BP für die Ölkatastrophe im Golf von Mexiko oder Tepco für die Nuklearkatastrophe in Fukushima. Higgins forderte Haftstrafen für alle Entscheider, die Ökozid verantworten.

Polly Higgins verstarb 2019, ihre Initiative bleibt bestehen, und sie macht deutlich, dass die aktuelle Gesetzeslage schon lange nicht mehr zum sich verändernden Erdsystem passt. Sie fordert damit auch, die Gesetze endlich so zu ändern, dass Handeln von Konzernen effektiv geahndet werden kann.

Wir könnten noch weitergehen – wir könnten Flüssen Persönlichkeitsrechte zusprechen, wie dies schon beim Ganges und beim Whanganui in Neuseeland der Fall ist, wir könnten dies auch bei Tieren tun und auch eine Möglichkeit entwickeln, diese Rechte dann ausreichend zu schützen.

Wir brauchen dringend eine Regierung, die diese Punkte umsetzt und auf allen Ebenen viel mehr Mitbestimmung zulässt. Wir brauchen echte Demokratie in der Wirtschaft, in der Politik und in der Gesellschaft. Sie darf sich nicht allein auf die Gesetze des Marktes verlassen, sondern muss auf das Wohl aller aus sein, indem sie auf Entwicklung, Umweltschutz und Unterstützung setzt und alles ausschaltet, was diesen Zielen entgegensteht.

Es ist eine nie da gewesene Herausforderung, für die wir den Einsatz aller demokratisch denkenden Menschen brauchen.

Es gibt nur zwei Wege: Entweder wir zerstören das Gleichgewicht der Ökosysteme auf der Erde – was einfach keine Lösung ist! –, oder es gibt eine globale Transformation, einen radikalen Systemwandel, der dazu führt, dass die Gesellschaft anschließend ganz anders aussehen wird als jetzt. Wenn es gelingt, würde jemand, der sich heute in eine Zeitmaschine setzt, im 100 Jahre in der Zukunft bestehenden System wenig Bekanntes vorfinden.

Für eine Transformation, die sich für alle Menschen gut auswirkt, müssen mehr Menschen Teil des demokratischen Prozesses werden – wir müssten alle zusammen eine lebendige Demokratie bilden. Denn das Problem ist nicht die Demokratie an sich, nur dass sie derzeit nicht im Interesse aller Menschen und auch nicht in dem der zukünftigen Generationen handelt, sondern für die Wirtschaft. Das muss sich grundsätzlich ändern.

Kurt Tucholsky wird das Zitat zugeschrieben: »Wenn Wahlen wirklich etwas verändern würden, wären sie verboten.« Zu viele Menschen gehen schon gar nicht mehr wählen, weil sie eben glauben, ohnehin nichts mit ihrer Stimme bewirken zu können. Dies ist eine deutliche Auswirkung des Umstands, dass Berufspolitiker nicht bereit sind, von der Entscheidungshoheit abzugeben – und dass sie sich in jeder Wahlperiode deutlich für die Lobby und gegen den Willen derjenigen durchsetzen, die sie gewählt haben.

Es ist ein Grund, warum Wahlen derzeit etwas verändern – und zwar in gefährlicher Weise: Sie destabilisieren unsere Demokratie. Der World Values Survey zeigte, dass zwar 92 Prozent der 73 000 Menschen, die in 57 Ländern der Erde befragt wurden, die Demokratie für das richtige Regierungssystem hielten. Seit zehn Jahren steigt aber auch das Verlangen nach einer starken Führungsfigur. Der Verlust an Vertrauen in die Politik ist schon jetzt in den Regierungen sichtbar, die seit Jahren nur mit Ach und Krach Mehrheiten bilden: Spanien, Belgien, Österreich – und in Deutschland gewinnt die AfD in den Landesparlamenten so viele Stimmen, dass es schwierig ist, Koalitionen gegen sie zu bilden. Weniger als 30 Prozent der Wähler in Europa hatten laut der Umfrage Vertrauen in ihre Nationalparlamente.

Wählen allein ist nicht genug. Wir legen uns mit einer Wahl auf vier Jahre fest, und das in einer Welt, die sich stetig wandelt. Vier Jahre lang sind wir im aktuellen System zur Untätigkeit verdammt, denn nicht alle Möglichkeiten, die die Demokratie bieten könnte, werden auch ausgeschöpft. In einer guten Demokratie geht die Macht vom Volk aus, aber dafür muss das Volk sich beteiligen. Demokratie muss gelebt werden, damit sie funktioniert. Und zwar nicht durch Bürgerentscheide, in denen wir mit Ja oder Nein stimmen können.

Politik ist komplex – wir brauchen echte Beteiligung und einen Gesellschaftsprozess. Schon in der Entscheidungsfindung müssen die Bürger eingebunden sein, denn die Parlamente sind festgefahren, und die Politik hinkt der Realität in Stadt und Land hinterher. Sie richtet sich eher nach den Unternehmen, die viel Geld investieren, um die Meinung der Personen mit Entscheidungsbefugnis in ihre Richtung zu beeinflussen. Viele der politischen Entscheidungen in den vergangenen Jahrzehnten waren deutlich von der Lobby bestimmt. Laut dem unabhängigen Verein LobbyControl nehmen rund 25 000 Lobbyisten mit einem jährlichen Budget von 1,5 Milliarden Euro in Brüssel Einfluss auf die Politik der Europäischen Union.

Es ist ein schlechtes System, viel zu abhängig von der Lobby und viel zu sehr davon bestimmt, dass Berufspolitiker auf Wiederwahl aus sind. Wir müssen Demokratie neu erfinden – aber wir können uns von den demokratischen Systemen aus der Vergangenheit etwas abschauen: Wahlen sind nicht die einzige Möglichkeit, wie Bürgerinnen und Bürger innerhalb eines demokratischen Systems am politischen Entscheidungsprozess teilhaben können. Um ihre Interessen angemessen zu vertreten, muss Demokratie deliberativ sein: Dazu gehören per Losverfahren zusammengesetzte Bürgerversammlungen und öffentliche Diskurse auf kommunaler Ebene.

Der Verein Mehr Demokratie hat dies in Deutschland bereits angestoßen und einen Bürgerrat nach dem Vorbild der irischen *Citizens' Assembly* ins Leben gerufen, bei der Ideen für die Politik entwickelt werden sollen. Nach verschiedenen Regionalkonferenzen findet eine Versammlung mit zufällig ausgewählten Bürgerinnen und Bürgern statt, die ein Gutachten mit konkreten Vorschlägen zur Verbesserung demokratischer Prozesse entwickeln. Verschiedene Experimente haben deutlich gezeigt, dass solche per Los gebildete Bürgerversammlungen zu erstaunlich wohlbegründeten Entscheidungen und guten Politikvorschlägen kommen.

Je genauer wir definieren, wie wir leben wollen, desto weniger anstrengend erscheint uns, was wir dafür auf uns nehmen. Es hängt alles am Narrativ, der großen Erzählung. Wir müssen anfangen, eine bessere Geschichte zu erzählen über die Zukunft, die wir erreichen wollen.

Bisher bekamen wir zu hören, dass es schwirig ist, eine emissionsfreie Zukunft zu erreichen. Dass eine grundlegende Änderung unserer Lebensweise durch einige Reformen vermeidbar ist. Oder sogar eine Geschichte, in der wir gegen den Klimazusammenbruch kämpfen wie gegen einen gesichtslosen Gegner, der ohnehin inzwischen stärker ist als wir.

Wir müssen uns klarmachen, dass es nach dem Wandel besser gehen kann. Dass das Wirtschaftssystem, in dem wir leben, uns ohnehin schadet und Ungleichheit und Armut fördert. Dass global gesehen relativ kleine Eliten extrem profitieren, während Milliarden Menschen um ihre Chancen gebracht werden und leiden. Dass wir es gemeinsam schaffen können. Und dass wir von einer Gesellschaft, die alle einschließt, auch auf lange Sicht alle profitieren werden. Dass wir autofreie Innenstädte haben, bessere Luft, Essen, das ohne Tierquälerei und Pestizide erzeugt wurde. Dinge, die nicht mehr durch moderne Sklaverei hergestellt wurden. Eine intakte Natur, der wir uns zugehörig fühlen, weil wir wissen, dass wir ohne sie nicht überleben können. Ein Leben, mit dessen Werten wir stimmig sind.

Wir müssen überlegen, welche Gesellschaft wir sein könnten. Von einer Zukunft erzählen, die so lebenswert und schön ist, dass andere auch dorthin wollen, und den Wunsch auslöst, diese Welt mitzugestalten. Erst dann wird aus scheinbarem Verzicht Gewinn.

Anders als bei dem Märchen, dass es in dieser Gesellschaft jeder schaffen kann, wenn er oder sie sich nur anstrengt, und dass es bei unserem Wirtschaftssystem um Wohlstand für alle geht, ist dies sogar die Wahrheit.

Die Klimakrise ist ein umfassendes kollektives Problem. Wir können auf sie nur angemessen reagieren, wenn wir aufhören, gegeneinander zu arbeiten, denn wir sind nur erfolgreich, wenn wir kooperieren. Zusammenarbeit ist das, was den Menschen in der Vergangenheit unserer Evolution so effizient gemacht hat. Wir brauchen Zusammenarbeit, um Druck auf die Regierungen auszuüben, damit sie ihre Untätigkeit beenden. Und um Lösungen für die Zukunft zu entwickeln.

Protest und Kreativität sind unsere Mittel, um der Krise zu begegnen. Veränderung muss unser ganzes Leben betreffen, nicht nur unsere Staatsform, sondern unseren ganzen Lebensstil. Vor allem, weil wir in dieser kritischen Phase sehr schnell gute Dinge bewirken müssen, brauchen wir auch eine neue Kultur des Engagements und des Protests. Um es an meinem eigenen Beispiel deutlich zu sagen: Wir können nicht warten, bis sie uns in einen Hafen lassen und dann dort mit Menschen verfahren, wie es ihnen beliebt. Wir müssen vielmehr die Ordnung stören und damit die Möglichkeit für eine gerechtere Welt schaffen.

Wir müssen unsere Kräfte bündeln.

Und wir müssen viele sein.

Noch sind wir nicht in der Mehrheit. Aber Kipppunkte gibt es nicht nur im Klimasystem, sondern auch in der Gesellschaft. Neues muss sich immer erst etablieren. Es gibt Menschen, die vorangehen und etwas fordern, und wenn sich ihnen genügend Menschen anschließen und der Protest sichtbar genug ist, gehen die Ideen irgendwann in den Mainstream über. Es gibt einen Punkt, an dem es für immer mehr Menschen unnormal wird, weiter so zu denken und zu handeln wie bislang. Selbst wenn es vorher normal war.

Je mehr Bewegungen wie Extinction Rebellion oder Fridays-for-Future-Gruppen es gibt, je sichtbarer und zentraler solche Proteste sind und je angemessener die Medien darüber und über die Fakten berichten, umso normaler wird es, daran teilzuhaben. Bis es irgendwann unnormal ist, nicht dazuzugehören.

Noch haben viele Menschen Angst vor Konsequenzen, vor Unannehmlichkeiten, wenn sie sich engagieren. Aber nicht zu handeln wird fatale Konsequenzen haben.

Wir leben in einem Zeitalter der Konsequenzen, sagte einst Winston Churchill.

Das tun wir jetzt auch wieder.

5
Fangen wir an zu handeln

Übertragungsfahrzeuge und ein Pulk von Journalisten warten in Agrigent vor dem Gericht, einem Zweckbau, an dessen nüchterner Fensterfront auf einem Säulenvorbau »Iustitia« zu lesen ist. Um dem Trubel zu entgehen, fahren wir direkt in die Tiefgarage. Es fühlt sich falsch an, dass die Medien mir die Aufmerksamkeit schenken, die sie den Menschen verweigern, um die es wirklich geht – den Geflüchteten der *Sea-Watch 3*. Als wir zum Gerichtssaal gehen, quietschen meine Schuhsohlen auf dem Steinfußboden. Nachdem ich mich kurz mit meinen beiden Anwälten abgesprochen habe, nehmen wir in dem holzvertäfelten Gerichtssaal Platz gegenüber der Richterin, die etwas erhöht an einem schlichten Tisch sitzt und über die Rechtmäßigkeit meiner Verhaftung entscheiden wird.

Sie sieht auf ihre Notizen, dann blickt sie auf und nickt der Übersetzerin zu, die an einem Tisch zwischen uns und der Anklage sitzt. Die komplette Rettung bis zur Hafeneinfahrt wird aufgerollt, protokolliert, übersetzt, durchgesprochen, aufgeschrieben. Die Richterin lässt sich alles genau erklären, sie will wissen, warum Libyen und Tunesien keine sicheren Häfen sind und in welcher Weise die europäischen Behörden nicht auf unsere Informationen reagiert haben.

Mit meinem bruchstückhaften Italienisch verstehe ich, dass die Gerichtsübersetzerin manche Dinge falsch ausdrückt, die ich auf Englisch äußere. So was geschieht vor Gericht schon mal, deswegen haben wir selbst auch einen Übersetzer mitgebracht. Da mich die Richterin augenscheinlich aber auch so versteht, korrigiert sie die Übersetzerin ohnehin zwischendurch.

Als wir fertig sind, muss ich zurück in den Hausarrest, das Gericht wird am nächsten Abend verkünden, wie entschieden wurde.

»Wir haben gewonnen!« Mein Anwalt klingt begeistert, als wir am nächsten Tag gegen 21 Uhr telefonieren. Und in gewisser Weise haben wir sogar mehr als das.

Es war vorher schon klar, dass ich nach der Urteilsverkündung höchstwahrscheinlich frei bin, weil selbst der Staatsanwalt nur gefordert hat, dass ich aus der Provinz Agrigent verbannt werde. Unerwartet hat nun die Haftrichterin in ihrem Urteil sehr deutliche Worte für die gesamte Situation gefunden: Obwohl sie nur dafür zuständig war, festzustellen, ob es gerechtfertigt war, mich zu verhaften, erklärt sie, dass Libyen und Tunesien als sichere Häfen nicht infrage kommen, und stellt fest, dass die Einfahrt in den Hafen von Lampedusa wegen des Notstandes gerechtfertigt war.

Trotzdem gehen die Untersuchungen durch die Staatsanwaltschaft weiter und könnten, wenn sie in ein oder zwei Jahren abgeschlossen werden, immer noch zu einer Anklage wegen der unerlaubten Hafeneinfahrt oder wegen der Beihilfe zur illegalen Einreise führen.

Doch selbst wenn es zu einem Prozess oder einer Verurteilung käme, würde ich mich in der gleichen Situation immer wieder entscheiden, so zu handeln.

Es kommt nicht darauf an, was mir vielleicht an Strafen droht. Verglichen mit dem, was die Menschen erleiden, um die es geht, sind sie harmlos. Und so ist es nicht tolerierbar, dass eines mal wieder *nicht* verhandelt wurde: die Krise der Menschenrechte, in der wir uns befinden.

Ich habe mir viele Gedanken gemacht, wie ich die Geflüchteten in diesem Buch selbst zu Wort kommen lassen könnte.

Am Ende fand ich, dass es den Menschen mit ihren ganz individuellen Biografien nicht gerecht wird, wenn hier gleichsam Schnappschüsse von ihnen eingebaut werden, so als ob es, abgesehen von ihrem kurzen Aufenthalt auf der *Sea-Watch 3*, nichts über sie zu sagen gäbe. Also habe ich darauf verzichtet – ich fordere, dass bei den Menschen, die von dieser, nein, von jeder Rettungsmission am meisten betroffen sind, direkt nachgefragt wird. Sie brauchen mich nicht als Übermittler ihrer Geschichten.

Und ihre Geschichte ist auch nicht, dass sie 17 Tage lang Gäste auf der *Sea-Watch 3* waren. Wenn der Zustand der Ungewissheit und die vielen Papierberge, die das europäische Asylsystem verursacht, wenn das alles einmal wirklich für sie überstanden ist, werden die Menschen vielleicht selbst erzählen wollen, wie sie ihre Flucht erlebt haben, was die Hintergründe dazu waren und wie es weiterging mit ihrem Leben.

Wenn die Transformation unserer Gesellschaft gelingen soll, müssen wir einander zuhören. Es gilt, sich auf die jeweils andere kulturelle Perspektive einzulassen, weil wir einander endlich verstehen müssen, um in der kommenden Zeit auf diesem Planeten gut miteinander zu leben.

Während es mit meiner Anhörung recht schnell ging, blieben die Menschen, die wir mit dem Schiff in Sicherheit gebracht haben, in Italien stecken. Sie wurden dort registriert, obwohl mehrere Länder schon am Tag vor unserer

Ankunft im Hafen erklärt hatten, dass sie Geflüchtete von der *Sea-Watch 3* aufnehmen würden, über 60 deutsche Städte hatten das ebenfalls angeboten.

Doch es passiert erst einmal nichts. In den folgenden Wochen müssen diese Menschen, die vor Unterdrückung und wirtschaftlicher Not, vor politischen Konflikten und vor Rechtlosigkeit aus Eritrea, Nigeria und Somalia, aus Kamerun, von der Elfenbeinküste und aus Libyen geflohen sind, vor allem eins: warten.

Sie müssen Interviews durch das Europäische Unterstützungsbüro für Asylfragen über sich ergehen lassen. Müssen den Beauftragten der einzelnen Staaten, die sie vielleicht aufnehmen werden, ausführlich Rede und Antwort stehen. Frankreich hat zwölf von ihnen interviewt, aber nur neun wurden dann aufgenommen. Warum die restlichen drei in Italien bleiben mussten, wird nicht erklärt, und niemand kennt die Kriterien, nach denen die Staaten auswählen, wer zu ihnen kommen darf. Es ist ein undurchsichtiges System.

Fast alle Menschen, die wir gerettet haben, sind an einen Hotspot nach Messina in Sizilien gebracht worden. Dort wurden sie zunächst rechtswidrig festgehalten, das Tor war von der Polizei bewacht, es war ihnen nicht gestattet, das Erstaufnahmelager zu verlassen. Erst als Rechtsbeistände eingeschaltet wurden, durften sich unsere ehemaligen Gäste außerhalb der Sperrstunde frei bewegen – ein Recht, das allen anderen, die dort ausharren, verwehrt wird. Und für alle gibt es nur unzureichende medizinische Versorgung und wenig psychologische Hilfe. Nach und nach werden die Menschen in alle Winde verstreut, manche kommen nach Portugal, Finnland oder Luxemburg, andere bleiben vorerst in Italien.

Dieses Prozedere muss schwer sein für jemanden, der so viel durchgestanden hat. Die Umweltaktivistin und Menschenrechtlerin Hindou Oumarou Ibrahim schreibt in ihrem Vorwort zu diesem Buch: *Niemand sollte gezwungen sein müssen, sein Zuhause zu verlassen und sein Leben zu riskieren, weil er in seiner Heimat einfach keine Zukunft hat. Niemand verlässt gern seine Familie, seine Wurzeln, seine Identität. Wir dürfen niemals vergessen, dass kein Mensch als Migrant geboren wurde. Daher müssen wir aufstehen und deutlich sagen, dass wir diese Zukunft nicht wollen. Und dann Veränderungen umsetzen.*

Wir können damit nicht länger warten, denn das Zeitfenster, das es uns erlaubt, etwas gegen die ökologische Krise zu tun, schließt sich immer mehr. Wir stehen mit dem Rücken zur Wand.

An Bord der *Sea-Watch 3* gab es am Ende nicht mehr besonders viele Möglichkeiten, und genau das war der Grund, aktiv zu werden. Am Ende hatte ich die Hoffnung aufgegeben, dass die zuständigen Stellen – Küstenwache, Politik, Staatsanwaltschaft – noch handeln würden. Hinweise auf die Gesetzeslage verhallten, medizinische Berichte blieben wirkungslos. Die Telefonate mit den zuständigen Stellen, die Mails, vergebens. Der Moment, als ich einsah, dass sie uns keine Lösung liefern würden, war der, in dem ich meine eigene Lösung fand.

Es ist wie mit der Wissenschaft, die uns ständig Beweise liefert, sozusagen medizinische Berichte über den Zustand des Ökosystems Erde.

Der Befund ist lebensbedrohlich.

Weil wir zu lange gewartet und gehofft haben, dass jemand anders das Problem für uns löst, ist es inzwischen mindestens Viertel *nach* zwölf. Menschen und Ökosysteme leiden, und viele der bereits eingeleiteten Prozesse im Erdsystem sind unumkehrbar, viele Spezies und Ökosysteme unwiederbringlich verloren.

Niemand aus der Politik bietet eine Lösung.

Wir müssen handeln – wir, die Zivilgesellschaft.

Und deswegen richte ich mich gezielt an *dich*, der du das jetzt liest. Du weißt, vor welcher global katastrophalen Situation wir stehen. Du weißt genug über die Krise. Du weißt, es ist Zeit, dass wir alle handeln.

Natürlich kannst du weitermachen wie bisher. Business as usual. Zusehen, wie unsere Regierungen weiter unzureichende Klimaschutzpakete beschließen. Dein Leben weiterleben, den Schulabschluss machen, die Stelle bei der Bank antreten, das Studium der Wirtschaftswissenschaften beginnen, die nächste Einrichtung für die Wohnung kaufen, die nächste Reise planen. Alles, was du tust, wirkt sich auf das Klima aus. Auch nichts zu tun ist eine Entscheidung – du entscheidest dich damit dafür, uns noch näher an den Abgrund zu bringen.

Oder du wirst zu einem Teil der Veränderung. Und findest heraus, wie wir das, was uns erwartet, selbst gestalten können, bevor es jemand für uns tut, der die falschen Werte vertritt.

Wir können gemeinsam und demokratisch eine Gesellschaft gestalten, in der die höchsten Werte nicht Geld und Wachstum und fortwährender Konsum sind. In der wir stattdessen auf Solidarität und Gerechtigkeit und Gemeinschaft setzen. Eine Gesellschaft, in der Wohlstand ganz einfach bedeutet, dass es allen gut geht.

Die Zeit auf der Erde ist für jeden von uns begrenzt, warum nicht etwas wirklich Sinnvolles damit anstellen? Wir können Leben retten. Oder wir können das Problem aussitzen und so viele Menschenleben riskieren.

Wie entscheidest du dich?

Dies sind wichtige Jahre, wahrscheinlich die letzten, in denen wir das Überschreiten wesentlicher Kipppunkte, die eine Heißzeit auf unserem Planeten einleiten, noch verhindern können.

Wenn du jung genug bist, um den Klimazusammenbruch mit voller Wucht zu erleben, bist du aufgefordert, deine Zukunft zu verteidigen.

Wenn du älter bist, ist dies der Zeitpunkt, um wirklich etwas für nachfolgende Generationen zu tun.

Gleich, welcher Generation du angehörst, ist dies vor allem auch der Zeitpunkt, um für globale Gerechtigkeit zu sorgen, denn indem du etwas gegen die Klimakrise tust, solidarisierst du dich mit den Menschen, die schon jetzt unter den Auswirkungen leiden.

Es ist der Zeitpunkt, an dem wir generationenübergreifend erkennen, dass das politische System versagt. An dem wir den pseudogrünen Glücksversprechungen der Firmen und Großkonzerne einfach nicht länger zuhören werden.

Wer aufhört zu hoffen, dass sie unser Problem lösen, dem wird klar werden, dass er selbst aktiv werden muss. Und jeder, der es kann, ist verpflichtet dazu.

Vor allem Menschen in Ländern, die in relativem Wohlstand und einem sicheren Rechtssystem leben und dadurch privilegiert sind, haben diese Pflicht.

Die Bewohner der Industrieländer verfügen über viel größere Macht und Möglichkeiten, die Menschenrechte anderer zu schützen und sich dem destruktiven Verhalten von Konzernen und Politik entgegenzustellen, als jemand, dem es in der Sahelzone oder in anderen Krisenregionen am Nötigsten mangelt.

Wir müssen handeln. »Genau hier, genau jetzt ziehen wir eine Linie«, sagte die schwedische Klimaschützerin Greta Thunberg wütend auf dem UN-Klimagipfel 2019. »Die Welt wacht gerade auf. Und die Veränderung kommt, ob ihr nun wollt oder nicht.«

Wir haben es in der Hand, Greta beim Wort zu nehmen und diese Linie auch wirklich zu ziehen. Es liegt an uns, ob ihre Worte nur einmal kurz für Aufsehen sorgen und dann verhallen, bis wir Jahre später ein Video von ihr wiederentdecken – wie das von der zwölfjährigen Severn Cullis-Suzuki, die schon auf dem UN-Gipfel in Rio 1992 gesagt hat, dass wir so nicht weitermachen können. Oder ob wir mit der relativen Macht, die wir als Bürgerinnen und Bürger wohlhabender Staaten haben, das vertreten, was Severn und viele politisch aktive Menschen Indigener Bevölkerungsgruppen seit so langer Zeit immer wieder eindringlich wiederholt haben und was Greta nun erneut auf den Punkt gebracht hat.

Wenn dich die Untätigkeit der Politik wütend macht, ist das gut, denn deine Wut über das aktuelle System ist unsere größte Chance. Die meisten Bewegungen, die meisten gesellschaftlichen Veränderungen sind nicht von Hoffnung getragen, sondern davon, dass Menschen wütend sind und mit dem Rücken zur Wand stehen. Erst aus dieser Wut und Ausweglosigkeit entsteht die Einsicht, dass die Konsequenzen, wenn du etwas tust, weniger dramatisch sind, als wenn du *nichts* tust.

Das ist der Moment, in dem Mut entsteht.

Ob 1930 der Salzmarsch von Gandhi, 1976 der blutig niedergeschlagene Aufstand der Schulkinder von Soweto oder die friedliche Revolution in der DDR von 1989: Die Menschen, die diese Bewegungen trugen, waren in ihren fundamentalen Rechten betroffen. Und sie hatten einen Ausweg im Sinn, etwas, das sie unbedingt erreichen wollten. Dieser Weg, den ich sehe – das, was unbedingt passieren muss –, ist der Grund, warum ich selbst mich entschieden habe zu handeln, in der Seenotrettung wie auch im Kampf gegen den Zusammenbruch der Ökosysteme. Es sind nur unterschiedliche Seiten ein und desselben Systemproblems. Ich bin enttäuscht über diejenigen, die es durch ihre Untätigkeit zu dieser Krise haben kommen lassen, ich habe Angst vor dem, was geschieht, wenn ich nichts tue, und die Zuversicht, dass es besser wird, wenn ich mich einsetze. Wer die Hoffnung aufgibt, sucht eigene Lösungen.

Eine der ersten Aktionen von Greenpeace in Deutschland war, sich im Oktober 1980 mit kleinen Rettungsinseln an den Giftmülltanker *Kronos* zu ketten, damit er nicht auslaufen und seine Ladung, gefährliche Dünnsäure, in der Nordsee verklappen konnte – sie hatten es satt, der Umweltsauerei weiter zuzusehen.

Trotz ungleicher Machtverhältnisse führen auch einige der vielen Indigenen Proteste manchmal zum Erfolg, wenn er lang anhaltend ist. Die Dongria, eine Gemeinschaft, die in Odisha in Ostindien lebt, protestieren seit Jahren gegen die Errichtung einer Mine der Firma Vedanta Resources, die dort, wo ihr Dorf ist, Bauxit abbaut – der unter anderem mit seinem giftigen Schlamm, dem bei der Förderung entstehenden Staub, den Abgasen und dem Öl von den Maschinen die Natur zerstört hätte. Ihr Protest dauert an, aber die Dongria haben mit Straßenblockaden und einer Menschenkette, Protesten, bei denen niemand zu Schaden kam, sowie mit Unterstützung einer Medienkampagne einen Teilerfolg errungen – die offizielle Eröffnung der Mine fiel vorerst aus.

Proteste dieser Art, David gegen Goliath, gibt es weltweit viele, auch in den Industrieländern. An sie erinnern ein wenig auch die jahrelangen Proteste im Hambacher Forst, einer Gegend im Westen Deutschlands, bei denen die Abholzung des Waldes für einen offenen Kohletagebau durch den Bau von Barrikaden und Baumhäusern verhindert wurde. Die Hambi-Aktivisti haben in Gemeinschaft mit anderen Gruppen, etwa derjenigen, die wegen des Kohleabbaus umgesiedelt werden sollen, erreicht, dass der Konzern RWE dauerhaft in den Schlagzeilen ist und ein Rest des ehemals großen Waldes noch immer steht.

Wesentlich weniger dramatisch wartet die Bürgerenergiebewegung seit einigen Jahren nicht mehr darauf, dass in Europa der Strom anders produziert wird, sie haben sich einfach zu einer Bürgergemeinschaft zusammengeschlossen und bauen eigene Windkraftwerke und Fotovoltaikanlagen. Sie machen ihre Energiewende selbst. Gemeinschaftliche Aktionen schaffen Veränderung.

Wir brauchen nur ein Ziel – und einen guten Plan.

Es ist Zeit zu handeln. Jeder noch so kleine Schritt zählt. Wir können es uns nicht leisten aufzugeben, nur weil wir für unser Gefühl vielleicht nicht genug erreichen. Angesichts rasant fortschreitender Klimaveränderungen zählt auch der winzigste Versuch, Ökosysteme instand zu halten. Es genügt nicht, nur das Bestehende zu schützen, dazu haben wir schon zu viel verloren. Wir müssen regenerieren, renaturieren – alles tun, um heimische Arten wieder anzusiedeln und Wälder, Moore und Wiesen wieder möglichst ursprünglich werden zu lassen.

Und wir müssen versuchen, dabei möglichst weit in die Zukunft zu denken. Als ich in dem Naturschutzprojekt in Schottland heimische Baumsetzlinge umtopfte, war mir klar, wie kontrovers das gesehen werden kann. Wir versuchten dort, etwas festzuhalten, das sich überhaupt nicht festhalten lässt, wenn die menschlichen Einflüsse die Ökosysteme so rapide verändern. Würden wir Bäume anpflanzen wollen, die dort langfristig bestehen, müssten wir in die Zukunft sehen können. Denn kein Mensch kann wissen, welche Bäume dann sicher in einer bestimmten Region wachsen, welche sich als besonders langlebig erweisen und den veränderten Klimabedingungen und invasiven Arten trotzen, die es in 100 Jahren dort vielleicht gibt.

Nur eins ist sicher: Statt Baumplantagen anzupflanzen, sollten wir gemischte Wälder anstreben, von denen hoffentlich einige Spezies mit den zukünftigen Bedingungen umgehen können.

Es ist Zeit zu handeln. Wir müssen die Wahrheit sagen und die existenzielle Krise, in der sich die westliche Zivilisation befindet, beim Namen nennen. Das bedeutet auch, dass nicht länger an den Fakten herumdiskutiert werden darf – es gibt inzwischen genügend Studien und wissenschaftliche Daten über die Klimakrise und den Zusammenbruch unserer Ökosysteme. Dennoch machen Menschen, die ein wirtschaftliches Interesse daran haben, dass weiterhin fossile Energieträger genutzt werden, eine Meinungsfrage daraus und säen Zweifel an den Tatsachen. Stattdessen müssen unbequeme Wahrheiten akzeptiert und realistische Lösungsansätze umgesetzt werden.

Mehrere Studien erklären zum Beispiel, dass wir unsere Nahrungserzeugung und damit auch unsere Ernährung dringend umstellen müssen. Diese Studien veranschlagen erstmals nicht nur die sichtbaren Emissionen, die Landnutzung verursacht, sondern auch, welche Kohlenstoffsenke verloren geht, wenn das Land kultiviert wird, und welche Flächen nur für den Anbau von Tierfutter verwendet werden. Würden sie ohne die verschwenderische Nutzung frei, könnten sie renaturiert und unter Schutz gestellt werden. Dies ist als Weg, der Atmosphäre Klimagase zu entziehen, praktikabler als bisher nicht vorhandene und in ihrem Ausgang ungewisse technische Lösungen.

Solche Wiederaufforstung ist erfolgreich machbar, das zeigt etwa die »Green Belt«-Initiative der Wissenschaftlerin Wangari Maathai, die für Aufforstung in Kenia eintrat und dabei die Bedürfnisse der lokalen Bevölkerung in den Mittelpunkt stellte. Ähnliche Projekte fordern die Initiative »Natural Climate Solutions« und viele andere Kampagnen, die sich für die Regeneration von Kohlenstoff bindenden Ökosystemen wie Moore und Sümpfe, Mangrovenwälder, Feuchtgebiete und Wälder einsetzen. Klar muss sein, dass wir zunächst die Zerstörung von Ökosystemen und die Emission von Treibhausgasen stoppen müssen und dass etwa Wiederaufforstung von Wäldern oder Moorwiedervernässung nicht als Greenwashing genutzt werden dürfen, um weiter die Atmosphäre verschmutzen zu können. In diese Möglichkeit muss notwendigerweise mehr investiert werden als die derzeit 2,5 Prozent der gesamten Subventionen für Carbon Capture. Wir müssen aber auch akzeptieren, dass dies mit Veränderungen für uns einhergeht. Denn die Tierhaltung zum Verbrauch für den Menschen muss stark eingeschränkt werden. Das ist eine für viele unbequeme Wahrheit, aber anders kann der Schutz unserer Ökosysteme nicht gelingen.

Es ist Zeit zu handeln. Zivilgesellschaftliche Bewegungen waren immer schon ein Weg, um Veränderung anzustoßen. Je größer eine solche Bewegung ist, umso erfolgreicher.

Es ist richtig, auch den eigenen Konsum einzuschränken, also nicht zu viel neue Kleidung zu kaufen, nicht zu fliegen, kein Fleisch zu essen. Aber dort darf es nicht enden. Die ökologische Krise ist ein strukturelles, weltumspannendes, systemisches Problem, das durch individuelle Entscheidungen zur Lebensweise allein nicht gelöst wird. Privater Konsumverzicht ist ohnehin selbstverständlich, wenn dir der Ernst der Lage bewusst ist, aber muss einhergehen mit Gemeinschaftsaktionen und politischer Arbeit für den Systemwandel.

Jede Bewegung startet klein, oft nur mit einer Handvoll Menschen. Den Forschungen der Politikwissenschaftlerin Erica Chenoweth zufolge müssen sich nur 3,5 Prozent der Bevölkerung einem Protest aktiv anschließen, damit dieser erfolgreich ist. In Neuseeland haben so viele Menschen bereits beim Klimastreik mitgemacht, aber es brauchte ihr dauerhaftes Engagement. Und während Parteien europaweit unter Mitgliederschwund leiden, verzeichnen politische Bewegungen insgesamt Zuwachs. Wir sehen uns Problemen gegenüber, die unabhängig von Parteigrenzen als existenzielle Krise erkannt werden. Es wird immer mehr Menschen klar, dass wir aktiv werden müssen. Die Demonstrationen von Fridays for Future haben bereits bewirkt, dass der Ruf für mehr Klimaschutz weltweit gehört wird. Wenn dies sich verstärkt, können wir alle als »letzte Generation« – als die Menschen, die in diesen entscheidenden Dekaden am Leben sind – mehr für den Erhalt der menschlichen Gesellschaft erreichen.

Es ist Zeit zu handeln. Um erfolgreich zu sein, müssen wir uns anschauen, was den Erfolg sozialer und politischer Bewegungen in der Vergangenheit ausgemacht hat. Sozialwissenschaften können uns zeigen, wie eine Bewegung aufgebaut sein muss und welche Aktionsformen wirklich funktionieren, also wie genau wir uns verhalten müssen, damit wir effektiv sind. Das muss hier und jetzt passieren, denn die Zeit, um überhaupt noch etwas gegen das Überschreiten der Kipppunkte zu tun, läuft uns davon. Und vor allem ist es eine Frage der globalen Gerechtigkeit – das Leid so vieler Menschen kann jetzt schon verhindert werden, wenn wir nur richtig handeln.

Die Politikwissenschaftlerin Erica Chenoweth untersuchte über 300 soziale Bewegungen auf ihren Erfolg, abhängig davon, ob sie gewaltfrei blieben oder nicht. Zu ihrer eigenen Überraschung kam dabei heraus, dass gewaltfreie Proteste doppelt so häufig erfolgreich waren wie andere. Dieses Ergebnis wird sehr häufig zitiert: Laut der Studie sind gewaltfreie Bewegungen viel inklusiver, schließen also Menschen verschiedenster Altersgruppen und sozialer Gruppen ein, die keine gewaltsamen Proteste unterstützen können oder wollen. Inklusion sei unabdingbar für den Erfolg, denn nur dann wird die Masse, die einen Umbruch bewirken kann, groß genug. Gewaltfreiheit stelle repressive Regime vor ein moralisches Dilemma, das nur zu ihren Ungunsten ausgehen kann, auch »Paradox der Repression« oder *backfiring* genannt: Sie müssen die Bewegung unterdrücken, um ihren Status zu behalten, aber sobald sie mit Gewalt gegen friedlichen Protest vorgehen, stärkt das die Empörung der breiten Masse und zieht mehr Menschen in die Bewegung.

Allerdings ist es schwer zu beurteilen, ob eine bestimmte Bewegung oder Revolution wirklich komplett gewaltfrei war. Häufig gab es neben einer grundsätzlich gewaltfreien Bewegung eine »radikale Flanke«, die durchaus Sabotage, Zerstörung von Gegenständen, teils sogar Gewalt gegen Menschen nutzte und manchmal auch im Widerstreit mit dem friedlichen Teil der Bewegung lag. In der historischen Beurteilung stellt sich die Frage, ab wann eine solche »radikale Flanke« so groß war, dass die gesamte Bewegung eben nicht als gewaltfrei gelten konnte. Es kommt durchaus vor, dass militante Gruppen als radikale Flanke innerhalb oder gleichzeitig mit einer friedlichen Bewegung in der Geschichtsschreibung später wenig beachtet werden und so ein falscher Eindruck der tatsächlichen Geschichte entsteht. So umschließt die »friedliche« Revolution im Iran 1979 etwa durchaus einige bewaffnete Straßenkämpfe in Teheran, und der Sturz von Diktator Marcos auf den Philippinen 1986 durch das People Power Movement mag nicht ohne die zeitgleiche militante Bewegung der Kommunisten und der Muslimischen Freiheitsbewegung stattgefunden haben. Genauso war die Sorge der US-Regierung, dass Menschen, die vom jahrelangen Misserfolg der Bürgerrechtsbewegung frustriert waren, sich letztlich radikaleren – und nicht gewaltfreien – Gruppen anschließen würden, ein großes Druckmittel, das Martin Luther King zu Hilfe kam.

Wir sollten verstehen, dass gewaltsam kolonisierte Menschen sich nur mit Gewalt aus Sklaverei und Unterdrückung befreien konnten, wie Frantz Fanon in *Die Verdammten dieser Erde* erklärt. Doch heute ist die Situation von Bewegungen, die sich gegen Rassismus oder für die Umwelt einsetzen, eine andere. Auch die First Nations, die als *water protectors* gegen Ölpipelines in Nordamerika protestieren und das Recht auf ihr Land einfordern, rufen nicht zur Gewalt auf. Laut der Akademikerin Sakshi Aravind setzt dieser jahrhundertealte Widerstand gegen gewaltsame Unterdrückung und Landraub durch Siedlerkolonialismus heute auf strategischen Pazifismus. Trotzdem sabotierten einige unabhängige Gruppen Pipelines – ohne dabei Menschen in Gefahr zu bringen – und begründeten ihre Taten damit, dass das Verbrennen von Öl und Gas bereits extreme Gewalt sei.

Trotzdem sollten wir uns bewusst sein, dass das, was nach dem Umbruch kommt, die Struktur der Bewegung weiterträgt. Wir müssen die gerechtere Zukunft, die wir wollen, schon jetzt in unseren Bewegungen leben, diese müssen also inklusiv, demokratisch und antirassistisch sein und versuchen Machtstrukturen abzubauen, durch die Ungerechtigkeiten zementiert werden. Gewaltfreiheit gegenüber Menschen ist absolut essenziell.

All das erfordert Disziplin und Organisation, aber es sorgt auch dafür, dass wir breite Unterstützung in der Gesellschaft erfahren. Es ist sowohl aus ethischer wie auch aus strategischer Sicht wichtig, da sich die Bewegung sonst durch interne Auseinandersetzungen oder externe Kritik spalten und dadurch im Endeffekt politisch geschwächt werden könnte. Wir sollten dennoch nicht vergessen, dass etwa durch die EU-Migrationspolitik oder durch massive Treibhausgasemissionen schon jetzt – im Regelfall staatliche – Gewalt ausgeübt wird, und zwar hauptsächlich gegen Schwarze Menschen.

Es ist Zeit zu handeln. Unser Widerstand kann nur erfolgreich sein, wenn wir ihn gut planen. Jahrelang dachte ich, dass herkömmliche politische Arbeit, wie internationale Regierungen und Naturschutzorganisationen sie machen, das Mittel der Wahl sei. Doch sie ist nicht effektiv: Trotz aller guten Absichten sind mit dieser Herangehensweise in den letzten 30 Jahren die Treibhausgase um 60 Prozent gestiegen, die Wildtierbestände nehmen weiter dramatisch ab.

Wie der Journalist Mark Engler und sein Bruder, der Arbeitsrechtler Paul Engler, in ihrem Buch *This Is an Uprising* erklären, brauchen friedliche Bewegungen eine ausgefeilte Strategie, um erfolgreich zu sein. Anhand der Dynamik erfolgreicher Bewegungen ermittelten sie, wie man eine Bewegung am besten aufbaut und sein Ziel erreicht. Sie entdeckten, dass das, was an Universitäten als Führungsorganisation gelehrt wird, etwa von Marshall Ganz an der Harvard University, auch Bewegungen erfolgreich macht: Sie haben ein übergreifendes Narrativ, eine Strategie und eine Struktur, die in die Kultur der Bewegung eingebettet sind und sich in vielen Taktiken und Aktionen wiederfinden.

Je klarer der Zweck der Bewegung ist, umso eher erreicht sie eine kritische Masse. Alles muss auf ein Ziel hinführen, aber es darf nicht zu kurz greifen: Der Arabische Frühling, also die Proteste, Aufstände und Revolutionen der arabischen Welt, scheiterten, weil zwar der Umsturz der Regime gelang, nicht aber der Aufbau von etwas Neuem. Hier wird klar, dass Bewegungen, die schnell aufkommen und sich wieder abschwächen, häufig zu dynamisch für strukturierte Prozesse sind, die aber gebraucht werden, wenn der erreichte Erfolg gefestigt werden soll. Eine Bewegung kann zwar relativ schnell einen politischen Umbruch erreichen, muss aber ebenso strategisch planen, was danach kommen soll. Und dafür braucht sie Struktur und Organisation und die Kooperation mit bereits bestehenden Strukturen der Zivilgesellschaft.

Eine der erfolgreichen Bewegungen, die Mark und Paul Engler dafür analysiert haben, war die serbische Graswurzelbewegung Otpor!. Sie unterstützte aktiv die Oppositionsparteien, um sich im Jahr 2000 gemeinschaftlich gegen den Diktator Milošević zu stellen und eine Demokratie zu schaffen, die bis heute anhält. Otpor! gründete nach ihrem Erfolg in Belgrad das »Zentrum für angewandte gewaltlose Aktion und Strategien«, das bei Otpor! gesammelte Erfahrungen und andere Erkenntnisse über gewaltfreien Widerstand vermittelt.

Wichtig ist laut Srđja Popović, einem der Gründer von Otpor!, unter anderem, dass eine Bewegung eine klare Strategie verfolgt und ein unverwechselbares Auftreten hat. Dazu gehört etwa ein Symbol mit Wiedererkennungswert. Ein klares Ziel. Enthusiasmus. Humor, der ermöglicht, über die Mächtigen lachen zu können. Und Präsenz. Es nützt nichts, sagt Popović, nur im Internet aktiv zu sein, selbst der Arabische Frühling war kein reines Twitterphänomen – twittern half nur bei der schnelleren Kommunikation. Nichts ist wirkungsvoller als Menschen, die auf der Straße stehen – und die etwas für ihre Freiheit und ihre Rechte riskieren.

Es ist Zeit zu handeln. Für schnelle Veränderung brauchen Gesellschaften Massenproteste und eine möglichst hohe Störung der öffentlichen Ordnung, die öffentliche Diskussionen und Entscheidungen herbeiführt.

Die Proteste der Suffragetten Anfang des 20. Jahrhunderts sind sicher ein gutes Beispiel für effektiven Massenprotest. Die Frauenrechtlerin und Gründerin der Women's Social and Political Union (WSPU) Emmeline Pankhurst hatte eine Theorie des Widerstands entwickelt, der seine Ziele unblutig und unbewaffnet erreichen sollte, allerdings beinhaltete das schon von Anfang an etwa das Zerschlagen von Schaufenstern in der Innenstadt. Schon drei Jahre nach Gründung der WSPU war die Bewegung 260 000 Mitglieder stark. Die Suffragetten reichten beim Premierminister eine Petition ein, störten Wahlveranstaltungen, hielten öffentliche Reden, organisierten Großdemonstrationen, forderten Einlass ins Unterhaus und ließen sich immer wieder auch in Haft nehmen. Ihre Aktionen steigerten sich von der Gründung eines Frauenparlaments über einen Hungerstreik im Gefängnis bis zur Verweigerung bei der Volkszählung und Gründung einer Frauenpartei. Emmeline Pankhurst aber wurde im Laufe der Zeit immer gewaltbereiter und propagierte auch die Nutzung von Brandsätzen, was 1913 dazu führte, dass mehrere prominente Mitglieder und auch zwei von Emmelines Töchtern die WSPU im Streit verließen. Festzuhalten ist, dass nach insgesamt 15 Jahren und den anhaltenden Protesten von Abertausenden Frauen in Großbritannien das erste – noch ungleiche – Frauenwahlrecht eingeführt wurde. Jahre später untersuchte der Politikwissenschaftler Gene Sharp die vielfältigen Möglichkeiten des zivilen Widerstands. Sein Buch *Von der Diktatur zur Demokratie* wurde von vielen

Menschen gelesen, die die Bürgerproteste in der DDR, in Burma und in Ägypten unterstützten. Eine Website führt 198 Arten des zivilen Widerstands auf, die er identifiziert hat und in drei große Kategorien einteilt: gewaltfreier Protest und Überzeugungsarbeit wie etwa Vorträge, Bücher, Petitionen; gewaltfreie Zusammenarbeit in sozialer, wirtschaftlicher und politischer Form wie Studentenstreiks, Konsumstreik oder Zahlungsverweigerung; gewaltfreie Intervention wie Sit-ins, Blockierungen oder Whistleblowing.

Auch meine Einfahrt in den Hafen von Lampedusa hat durch die Berichterstattung in den Medien Aufsehen erregt und ein Dilemma erzeugt: Es wurde sichtbar, dass auf der einen Seite jemand steht, der Menschenrechte wahrt, und auf der anderen Seite Regierungen, die Menschenrechte verletzen.

Stören wir also die Regierungen, deren größte Sorge darin besteht, das Wachstum zu erhalten und ihren Reichtum nicht teilen zu müssen. Stören wir die Energieunternehmen, die intakte Wälder abholzen und den Erdboden aufreißen, um Kohle zu fördern, die wir aufgrund der Temperaturerwärmung sowieso nicht mehr verfeuern dürfen. Stören wir die Industrie und die Unternehmen, die seit Jahrzehnten den Ausstieg aus fossilen Energieträgern durch Lobbyarbeit und gefälschte Studien verhindern und in anderen Ländern unter unmenschlichen Bedingungen zu Billiglöhnen produzieren lassen, um Kosten zu sparen. Denn wenn wir diese Menschen gewähren lassen, dann lassen wir zu, dass nichts – oder auch nicht genügend – gegen die Klimakrise und den Zusammenbruch der Ökosysteme getan wird. Und wir lassen zu, dass Unternehmen Profit immer über das Wohl der

Mehrheit setzen. Und ganz konkret lassen wir zu, dass Menschen im Mittelmeer ertrinken und auf der Straße rechter Gewalt ausgesetzt sind.

Stören wir, aber aus den richtigen Gründen.

Es ist Zeit zu handeln. Protest muss anhalten, um erfolgreich zu werden. Aus der Gewerkschaftsarbeit wissen wir, dass Arbeitsstreiks nichts bringen, wenn sie nur einen Tag andauern. Sie müssen so lange dauern, bis das Ziel erreicht ist. Sie müssen die Abläufe stören. Und sie müssen die Firma, um die es geht, richtig etwas kosten. Das kann auch das öffentliche Ansehen sein.

Was auch eine Einzelperson durch eine solche Störung bewirken kann, demonstrierte etwa Roger Hallam, der später als eins der 15 Gründungsmitglieder der sozialen Bewegung Extinction Rebellion bekannt wurde, aber dieser Bewegung durch sein Verhalten und seine Äußerungen wiederum auch viel Schaden zufügte und gebeten wurde, die Bewegung zu verlassen. Als Doktorand protestierte er gegen die Investition seiner Lehranstalt in fossile Brennstoffe, indem er die große Halle des King's College mit abwaschbarer Kreide besprühte. Die Sachbeschädigung brachte ihm die Exmatrikulation, Hausverbot und eine Anklage ein, aber er gab nicht auf und ging sogar zwei Wochen in Hungerstreik. Nach fünf Wochen insgesamt erreichte er, dass die Universität die Investitionen bis 2021 beenden wird – Klimaschutz, der zustande kam, weil Hallam beharrlicher war als andere Studierende, die es vor ihm versucht hatten, aber vielleicht keine Exmatrikulation riskieren konnten oder wollten.

Es ist Zeit zu handeln. Und zwar dort, wo wir am meisten Aufsehen erregen, immer da, wo das, was wir erreichen wollen, die meiste Wirkung erzielt. Massenaktionen sollten sich auf die Hauptstadt fokussieren, denn dort befindet sich das Zentrum der Macht, und die meiste Medienaufmerksamkeit ist einem auch sicher – dass die Weltpresse ihre Korrespondenten in die Provinz schickt, wie im Fall der *Sea-Watch 3*, ist eher ungewöhnlich.

Es ist Zeit zu handeln. Es ist wichtig, dass eine Bewegung immer weiter wächst und mehr Menschen aktiviert. Je mehr Menschen Martin Luther King und Mahatma Gandhi unterstützten, umso erfolgreicher wurden ihre Bewegungen. In den Geschichten, die wir Menschen hinterher erzählen, scheint es, als seien King und Gandhi allein die »Helden« gewesen, die die Bewegungen zum Erfolg führten. Doch die großen »Helden« hatten nach einer Weile die Unterstützung Tausender Menschen. Um das zu erreichen und nicht wieder schwächer zu werden, bevor sie ihr Ziel erreicht, muss eine Bewegung große Sorgfalt darauf verwenden, ihre Kernelemente, Prämissen für das eigene Handeln, Taktiken – sozusagen ihre DNA – in einem stetigen Prozess weiterzugeben. Sonst können Streitigkeiten über Taktiken oder Prinzipien entstehen und die Bewegung aufhalten oder ganz beenden. Das war der Fall bei Extinction Rebellion in Großbritannien, als einige Mitglieder der Bewegung zur Hauptverkehrszeit eine U-Bahn in einem Arbeiterviertel blockierte, während die allermeisten Aktivisti an diesem Tag gegen den Waffenhandel protestierten. Diejenigen, die die U-Bahn blockierten, handelten gegen den Wunsch der anderen und zogen damit heftige Kritik auf die gesamte Bewegung.

Es ist Zeit zu handeln. Der Protest muss Spaß machen und lebendig sein, er muss dazu auffordern, selbst kreativ zu werden, und einen Neuigkeitswert bieten. Dies zeigt sich deutlich am Erfolg des Künstlers Banksy, dessen Graffiti über Nacht an immer neuen Stellen auftauchen. Es zeigt sich an den Plakaten und Kostümen, die auf Demonstrationen getragen werden – die kreativsten und witzigsten landen am ehesten in der Presse, und dies ist wiederum gut zur Verbreitung der Botschaft.

Bei uns in Deutschland gibt es das Zentrum für Politische Schönheit, das in Sichtweite des Hauses eines bekannten Rechtspopulisten eine Kleinversion des Berliner Holocaust-Mahnmals errichtete. Oder Peng!, die eine Website mit einem leicht zu verwechselnden Domainnamen zur Recruiting-Seite der Bundeswehr einrichteten und darauf vor ihr warnten. Oder das Projekt »Frag den Staat«, bei dem das Informationsfreiheitsgesetz genutzt wird und jeder Anfragen nach öffentlichen Informationen bei Behörden stellen kann, etwa zu Verunreinigung von Trinkwasser oder Fahrgastzahlen in der S-Bahn. Diese können dann genutzt werden, um ein Anliegen mit Fakten zu untermauern, etwa um Protest zu üben. Ich bin sicher, dass es auch in anderen Ländern zahlreiche kreative Ansätze gibt.

Wir brauchen sie, denn es ist Zeit zu handeln.

Wir können nicht länger warten, wir sind die letzte Generation, die noch effektiv die Folgen der ökologischen Katastrophe abmildern kann. In den nächsten Jahren haben wir die Chance, relativ viel zu bewirken. Unsere Möglichkeiten werden aber schnell abnehmen. Und je länger wir uns konform zum aktuellen Wirtschaftssystem verhalten, je länger wir stillhalten und nichts tun, je länger wir uns halb gare politische Lösungen vorsetzen lassen, umso schwieriger wird es, etwas gegen das Überschreiten der Kipppunkte im Klimasystem zu tun. Bis es irgendwann zu spät ist.

Der Politikwissenschaftler Howard Zinn wurde mit seiner alternativen Geschichtsschreibung bekannt, in der etwa von der einheimischen Bevölkerung an der Küste Südamerikas auf das Schiff des Kolumbus geschaut wird – statt wie sonst üblich dem Blick des Eroberers zu folgen. Zinn nahm an der US-amerikanischen Bürgerrechtsbewegung teil, und er wurde 1970 verhaftet, weil er gegen den Vietnamkrieg protestiert hatte.

Statt zur Anhörung bei Gericht zu erscheinen, hielt er an der Universität von Baltimore eine Rede über zivilen Ungehorsam. »Man sagt, das Problem sei ziviler Ungehorsam«, sagte er dort. »Aber das ist nicht unser Problem. Unser Problem ist der zivile Gehorsam. Unser Problem sind die zahlreichen Menschen auf der ganzen Welt, die dem Diktat ihrer Regierung folgen und deshalb in Kriege ziehen, in denen dann Millionen Menschen aufgrund dieses zivilen Gehorsams getötet werden. Unser Problem besteht darin, dass Menschen gehorsam sind, sich die Gefängnisse wegen Bagatellen füllen, während die großen Verbrecher die Staatsgeschäfte führen. Das ist unser Problem.«

Viele Menschen denken, dass ziviler Ungehorsam ein Problem darstellt, weil er Aufruhr verursacht und die Ordnung stört.

Wir leben in Zeiten, in denen die Ordnung, die wir haben, falsch und zerstörerisch ist.

Sie *muss* gestört werden, weil sonst Menschen sterben.

Weil wir sonst zulassen, dass das System mit seinem Glauben an stetiges Wachstum uns etwas raubt, das unglaublich kostbar und unwiederbringlich ist.

Weil sie nicht freiwillig damit aufhören werden.

Und weil wir nicht hinnehmen können, dass das System dazu führt, dass die Mehrheit im Namen der Ordnung bestohlen, belogen und unterdrückt wird.

Wir müssen es nur endlich auch tun, statt weiter zu hoffen, dass wir unser Recht und unsere Zukunft schon bekommen werden, wenn wir es denen, die jetzt noch an der Macht sind, nur recht machen.

Der zivile Gehorsam ist das Problem, nicht der zivile Ungehorsam.

Lasst uns handeln, statt zu hoffen.

Nachwort zur Taschenbuchausgabe

2021, Nordnorwegen, knapp über dem Polarkreis. Während ich diese Zeilen schreibe, sitze ich am Esstisch. Neben mir steht eine Tasse dampfender Tee, in der Ecke hängt mein warm gefütterter Overall.

Der Blick aus dem Fenster zeigt einen verschneiten Berggipfel in der Ferne, der Himmel ist bedeckt. Es gab nur wenig Schnee diesen Winter. Und es ist nicht so kalt, wie es eigentlich in der Subarktis sein sollte.

Neben meinem Homeoffice-Job für eine Antarktis-Schutzkampagne helfe ich hier vorübergehend bei einer Umweltschutzorganisation, die versucht, die norwegischen Strände und Buchten von Plastikmüll zu reinigen. Der größte Teil des Mülls sind Netze aus der Fischerei und aus den Fischfarmen, dazu kommt ins Meer gespülter Haushaltsmüll. Pro Tag können wir mit unserem kleinen Team leicht eine Tonne Plastik aufsammeln, und im Hafen von Bolga, wo wir es hinbringen, wächst der Berg von gefüllten Plastiksäcken, Leinen und Netzen.

Obwohl wir viel erreichen, besorgt mich der Anblick eher. Denn nur 10 bis 15 Prozent des Plastiks im Meer werden überhaupt an den Strand geschwemmt und können noch aufgesammelt werden, der Rest zerbricht in kleinste Teile und bleibt im Meer oder lagert sich auf dem Meeresboden ab. Das Plastik ist schädlich für Meeresbewohner wie wirbellose Tiere, Fische und marine Säugetiere, die sich darin verfangen oder es nicht von ihrer Nahrung unterscheiden können und elendig daran verenden. Aber es ist auch für uns Menschen gefährlich, weil wir es ebenfalls über die Nahrung aufnehmen. Plastik vom Strand aufzusammeln ist also wichtig, aber nur eine Notlösung. Letztlich muss Plastik drastisch reduziert und durch andere Stoffe ersetzt werden, doch dem stehen die Interessen der wachsenden Plastikindustrie entgegen, die eng mit der Erdöl- und Frackingindustrie verbandelt ist.

Seit die Hardcoverausgabe des Buches, das du gerade in der Hand hältst, erschienen ist, sind rund zwei Jahre vergangen. Die Ereignisse im Sommer 2019 erzeugten einen ungeahnten Pressewirbel, der mich zu einer öffentlichen Person machte. Inzwischen ist es stiller um die Seenotrettung geworden, und ich bin wieder zu meiner Arbeit im Polargebiet zurückgekehrt.

Handeln statt hoffen erzählt, wie es zu meinem Einsatz auf der *Sea-Watch 3* kam und warum die Situation auf dem Mittelmeer nur Teil eines viel größeren Problems ist.

Leider hat sich dort seither nichts verbessert.

Die europäische Grenzpolitik ist strukturell mindestens so rassistisch wie die Polizeibehörden in den USA, die die Morde an George Floyd, Breonna Taylor, Daunte Wright und Hunderten anderen zu verantworten haben.

Die zivile Seenotrettung wird durch juristische Auflagen weiter stark daran gehindert, mit ihren Schiffen auszulaufen und Menschen in Seenot – unabhängig von Nationalität und Hautfarbe – zu retten. Obwohl vonseiten Hunderter EU-Städte das Angebot besteht, geflüchtete Menschen aufzunehmen, wurden weder das Lager Moria in Griechenland noch

Lipa in Bosnien nach Bränden evakuiert. Stattdessen soll das Budget der EU-Agentur Frontex in den kommenden Jahren verdreifacht werden. Es kommt weiterhin zu systematischen Pullbacks nach Libyen durch die EU-finanzierte sogenannte libysche Küstenwache. Ermöglicht wird dies durch Luftaufklärungsdaten, die von Flugzeugen des EU-Militärs und Frontex stammen. Die zunehmende Militarisierung der Agentur führt dazu, dass sie bald eigene Drohnen haben wird. Ihr Mandat wurde längst auf Länder ohne direkte Grenze zur EU ausgedehnt. Schon seit 2010 gibt es die Africa-Frontex Intelligence Community (AFIC), die in 26 afrikanischen Ländern Daten zu grenzüberschreitender Migration sammelt. An der Grenze zwischen Griechenland und der Türkei war Frontex 2020 in mehrere Pushbacks durch die griechische Küstenwache verwickelt.

Die Agentur geriet wegen der mangelnden Aufklärung von Menschenrechtsverletzungen massiv unter Kritik. Ihr Chef Fabrice Leggeri wurde von der EU-Kommission vorgeladen, eine Arbeitsgruppe des EU-Parlaments will die Vorfälle aufklären, das EU-Anti-Korruptionsbüro OLAF ermittelt gegen Frontex, die Budgeterhöhung für 2021 wurde zunächst ausgesetzt. Manche EU-Abgeordnete fordern ein unabhängiges Kontrollgremium für Frontex, andere den Rücktritt von Leggeri.

Ich fordere, zusammen mit einer breiten Koalition aus zivilgesellschaftlichen Gruppen, Frontex komplett abzuschaffen. Wir brauchen weltweit Sicherheit für Menschen, nicht für Grenzen.

Um die Sicherheit von Menschen aber müssen wir uns angesichts der aktuellen sozialen, politischen und ökologischen Verhältnisse berechtigte Sorgen machen.

Während die internationale Politik aktuell fast ausschließlich von der Pandemiebekämpfung dominiert wird, schreitet die globale Erwärmung täglich voran. Genauso, aber fast unbemerkt, dafür aber umso unveränderlicher: das Massensterben der Arten.

Während es uns gelingen kann, Treibhausgasemissionen zu reduzieren und irgendwann Kohlenstoff aus der Atmosphäre wieder in Böden zu binden, ist es fast unmöglich, ausgestorbene Arten wiederzubeleben, wenn sie einmal verschwunden sind. Doch ohne Vielfalt und intakte Ökosysteme gibt es auf diesem Planeten keine Überlebenschance für uns Menschen. Wir sind Teil des Lebensnetzes der Natur und fundamental von ihm abhängig.

Ein Viertel aller Insekten und ein Drittel aller Säugetierarten stehen inzwischen in Deutschland auf der roten Liste. Schon im Mai 2019 wies der Weltbiodiversitätsrat (IPBES) darauf hin, dass sich die Ökosysteme global in einem kritischen Zustand befinden und dass bis 2050 bis zu einer Million Arten vom Aussterben bedroht sind. Die Zerstörung von Lebensräumen, die Übernutzung wilder Populationen, der Klimawandel, industrielle Verschmutzung und invasive Arten seien die Haupttreiber des sich beschleunigenden Massensterbens der Arten. Wenn die Nationen des Globalen Nordens weiter so viel Energie und Materialien konsumieren wie bisher, drohe ein ökologischer Zusammenbruch. Deswegen brauche es transformativen sozialökologischen Wandel und eine Abkehr vom Paradigma des Wirtschaftswachstums, so das Fazit des Gremiums.

Es war nicht die erste Warnung der Wissenschaft. Regierende weltweit hätten dieser Situation längst entschlossen begegnen können.

Immer wieder gab es Konferenzen, die Abhilfe schaffen sollten und bei denen gewichtig klingende Beschlüsse gefasst wurden. Eine davon war die UN-Biodiversitätskonferenz 2010 in Nagoya, Aichi, in Japan. Doch im Gegensatz zum Klimaabkommen von Paris kennt fast niemand die Aichi-Ziele, die bis 2020 umgesetzt werden sollten. Sie sollten den Erhalt der biologischen Vielfalt gewährleisten, was sowohl Ökosysteme als auch genetische Vielfalt miteinschließt. Konkret sollten etwa für die Artenvielfalt schädliche Subventionen reduziert werden, genauso wie die Überfischung und die Nutzung von Pestiziden und Chemikalien. Andere Ziele waren, das Aussterben seltener Spezies aufzuhalten, die Verwüstung zu stoppen und degradierte Ökosysteme wieder zu renaturieren. Zudem sollte das Wissen Indigener besser in bestehende, westlich dominierte Naturschutzkonzepte integriert werden und Ökosysteme insbesondere für Frauen, Indigene und arme Menschen geschützt werden.

Aber wie der »fünfte globale Bericht zur Lage der biologischen Vielfalt« (»Global Biodiversity Outlook«, kurz GBO 5) der Vereinten Nationen aus dem September desselben Jahres feststellt, wurde kein einziges dieser Ziele weltweit ganz erreicht. Wieder einmal wurde klar, dass ambitionierte Ziele nichts nützen, wenn sie nicht umgesetzt werden. Damit sie umgesetzt werden, müssten insbesondere Regierungschefs der Industrienationen anerkennen, dass der Schutz der Umwelt Grundlage der menschlichen Gesellschaft und jedweder Wirtschaft ist, und dementsprechend handeln.

Auch Deutschland verfehlte 19 der 20 Ziele, selbst wenn wir gerne so tun, als ob der Verlust der Artenvielfalt nur andere Länder beträfe, und viele Menschen beim Stichwort bedrohte Tierarten eher an Gorillas oder Eisbären denken statt an Feldhamster oder Kammmolche. Hauptsächlich verantwortlich für das Problem vor der eigenen Haustür ist die Landwirtschaftspolitik, die industrielle Bewirtschaftung massiv begünstigt, welche immer noch zu viele Umweltgifte und Düngemittel in die Umwelt einbringt.

Auch Beispiele für Probleme mit sogenannten *paper parks,* also Schutzgebieten, die nur auf dem Papier existieren, aber nicht praktisch umgesetzt werden, gibt es in Deutschland, nicht etwa nur »anderswo« wie in Rumänien. Im Jahr 1988 beschloss der Europäische Rat die Flora-Fauna-Habitat-Richtlinie (FFH-Richtlinie) zur Erhaltung natürlicher Lebensräume sowie zum Schutz wild lebender Tiere und Pflanzen; es sollte ein europaweites Schutzgebietsnetz namens Natura 2000 eingerichtet werden. In Deutschland ist die FFH-Richtlinie im Bundesnaturschutzgesetz verankert, doch sie wird nicht korrekt umgesetzt. Nach einem fünfjährigen Vertragsverletzungsverfahren hat die EU-Kommission zuletzt vor dem Europäischen Gerichtshof Klage gegen Deutschland eingereicht, weil versäumt wurde, Erhaltungsziele für die Schutzgebiete festzusetzen, Maßnahmen für deren Erreichung festzulegen und die Informationen an die Öffentlichkeit weiterzugeben.

Wie stark die Interessen der industriellen Landwirtschaft wirkungsvollen Naturschutz verhindern, zeigt das zähe Ringen um das Insektenschutzgesetz, das im Februar 2021 verabschiedet wurde. Obwohl es im Koalitionsvertrag von 2017 festgehalten war, blockierte Landwirtschaftsministerin Klöckner den Gesetzesvorschlag des Umweltministeriums über Monate, und es kam erst nach einer Vermittlung in letzter Minute durch die Bundeskanzlerin überhaupt noch ein Kompromiss zustande. Öffentlich jubelten beide Ministerien über den Erfolg – dabei werden zwar Pestizide in Schutzgebieten weitgehend verboten, doch in der Landwirtschaft bleiben Glyphosat und andere Pestizide zunächst erlaubt. Das »Insektenschutzgesetz« ist ein Erfolg – für die Landwirtschaftslobby. Diese einflussreiche Interessengruppe hat ebenso erfolgreich auf EU-Ebene den dringend notwendigen ökologischen und klimafreundlichen Umbau der europäischen Gemeinsamen Agrarpolitik (GAP) torpediert.

Und während in Deutschland unzureichende Gesetze verabschiedet und nicht genügend Schutzgebiete – insbesondere im Meer – ausgewiesen werden, zerstören wir sogar zusätzlich intakte Natur.

Im Herbst 2020 war ich Teil der autonomen Besetzung im Dannenröder Wald in der Nähe von Marburg, um den Ausbau der A 49 zu verhindern. Dieser alte Buchen- und Eichenmischwald war seit den 1980ern ein Vorzeigeprojekt für nachhaltige Forstwirtschaft. Er liegt mitten im Trinkwasserschutzgebiet, von dem eine halbe Million Menschen in der Region Frankfurt abhängen und wo bald die Betonpfeiler der Autobahnbrücke bis ins Grundwasser reichen sollen. Neben dem »Danni« liegt der Herrenwald, der als FFH-Schutzgebiet ausgewiesen ist und ebenfalls Platz machen soll für diese Autobahn, die vor vierzig Jahren geplant worden war und an der angeblich ein »allgemeines öffentliches Interesse« besteht, welches zu prüfen sich kein Gericht für zuständig erklärt.

Einige Wochen war ich im Camp und wohnte eine Zeit lang in einem der Baumhäuser, 20 Meter über der Erde. Die lokale Bürgerinitiative hatte Menschen eingeladen, den Wald zu besetzen, nachdem alle anderen Wege des Protests gescheitert waren. Über 100 Baumhäuser entstanden dort innerhalb eines Jahres. Umweltgruppen und Klimagerechtigkeitsaktivisti unterstützten die Waldbesetzung durch Waldspaziergänge, Menschenketten und Fahrraddemos.

Am 30. September, am Tag vor der Rodung im Dannenröder Wald, fand der UN-Sondergipfel zur Biodiversität in New York statt. Frau Merkel verkündete zum wiederholten Male, wie sehr sie sich in Zukunft für Naturschutz einsetzen wolle und wie wichtig ihr das Anliegen sei.

Doch am nächsten Tag rückten trotz Corona-Restriktionen Räumfahrzeuge und Hundertschaften an, um im FFH-Schutzgebiet Herrenwald bei Stadtallendorf mit dem Fällen der ersten Bäume zu beginnen. Schon kurze Zeit später war eine breite Trasse in den Wald geschlagen – ein deutliches Zeichen dafür, welche Interessen sich durchgesetzt hatten. Alles, was vorher über Jahrhunderte dort gewachsen war, wurde verwüstet. Die Polizei ging mitunter rücksichtslos vor, kappte sogar Sicherheitsseile, eine Person erlitt mehrere Wirbelbrüche durch einen von der Polizei verursachten Sturz. Es war reiner Zufall, dass niemand dabei tödlich verunglückte, anders als 2018 im Hambacher Forst, als ein junger Videojournalist bei der Räumung ums Leben kam.

Und das alles, weil das grüne Umweltministerium in Hessen entschieden hatte, lieber die vierzig Jahre alten Autobahnverträge einzuhalten statt das Pariser Klimaabkommen und die Biodiversitätsziele von Aichi.

Die Ausrede der Grünen: Es läge in der Verantwortung des Bundesverkehrsministeriums zu handeln. Wie so häufig will keine Partei aus dem verrückten System ausbrechen und tun, was notwendig ist. Diejenigen, die das Notwendige umsetzen wollen, sitzen auf den Bäumen, nicht in den Parlamenten.

Es geht schnell, wenn die Harvester kommen. Sie packen den Baumstamm mit ihrem Greifer, ein kreischendes Sägen ertönt, der Baum knickt ab wie ein Halm. Dann wird der Baum leicht wie ein Streichholz waagerecht durch die Sägeblätter gezogen, die Äste knacken, werden durch die schnelle Seitbewegung entfernt, präzise und effizient wird der Baumstamm in gleichmäßige Stücke geschnitten. Dann der nächste. Wo vorher dichter Wald war, ist nach kurzer Zeit eine freie Fläche, der Boden ist aufgerissen. Vögel, Nagetiere, Fledermäuse und andere Tiere werden vertrieben – bis zu 300 Arten beherbergt ein einziger alter Baum allein. Durch die Räder der schweren Forstmaschinen wird der Boden verdichtet, das Aus für viele Lebewesen im Erdreich, durch den Bau und die spätere Nutzung wird die Erde verseucht.

Wer verstanden hat, wie es um die Natur und um die Lebensbedingungen für unsere eigene Spezies steht, für den gibt es keinen Zweifel: Wir dürfen hier keinen Wald mehr roden und keine Autobahnen mehr bauen. Wir müssen die Verkehrswende angehen, die im Autoland Deutschland so lange von der Industrie verschleppt wurde. Ein Wald ist ein Ökosystem, das sich über Jahrzehnte, ja, Jahrhunderte entwickelt. Der Dannenröder Wald stand schon dort, als es noch gar keine Autos gab. Einen neuen Wald zu pflanzen oder womöglich andernorts auf der Erde in ein Klimaprojekt zu investieren ist Unsinn. Zum einen: Einen 250 Jahre alten Baum zu ersetzen dauert 250 Jahre. Ein Setzling speichert weder die gleiche Menge Kohlenstoff, noch bietet er Lebensbedingungen für all die Insektenarten, die ein alter Baum beherbergt. Zum anderen kann das komplexe Ökosystem eines Waldes an einer Stelle schlicht nicht durch einen Wald an einer anderen Stelle ausgeglichen werden. Ganz abgesehen davon ergibt es auch für die Anwohner keinen Sinn, wenn ein Wald 50 Kilometer weiter geschützt wird.

Der Dannenröder Wald steht stellvertretend für die Absurdität, inmitten von Klimakrise und Artensterben weitere Flächen zu versiegeln, gesunde Wälder zu zerstören und in Infrastruktur zu investieren, die sich längt überholt hat. Obwohl über hundert Baumhäuser geräumt und der Wald gerodet wurde, stieß der Protest weitere Projekte zur Beschleunigung der Verkehrswende an und stärkte die Klimagerechtigkeitsbewegung – er hält auch noch an, mindestens so lange, wie die Schneise noch nicht asphaltiert ist.

Die Geschehnisse im Danni stehen auch dafür, wie Regierende den Krisen unserer Zeit begegnen: Sie holzen einen intakten Wald ab, während sich an vielen anderen Orten im Land wegen der klimabedingten Dürre der Borkenkäfer rasend schnell ausbreitet. Solche nur als verantwortungslos zu bezeichnenden Eingriffe in die Natur geschehen überall.

In Estland etwa werden seit 2015 sogar in Natura-2000-Gebieten massiv Wälder abgeholzt, um Baumaterial und Brennstoff zu gewinnen – auch, weil Holz als Biomasse in alten Kohlekraftwerken verfeuert werden kann. Insbesondere Großbritannien setzt auf solche Holzenergie. Biomasse wird von der EU als klimaneutral und nachhaltig bezeichnet, doch braucht es Jahrzehnte, bis junge Bäume nachwachsen und Kohlenstoff speichern. Tatsächlich emittiert das Verbrennen von Holz 1,5 mal so viel CO_2 wie Kohle. In den USA gilt Biomasse aus Holz nicht als nachhaltiger Energieträger, doch in der EU haben sich bislang die Interessen der

Forstwirtschaft durchgesetzt. Autos, Flugzeuge und Schiffe sollen angeblich bald mit Biokraftstoffen betrieben werden, doch auf welchem Land solche Mengen an Biotreibstoff produziert werden sollen, ist vollkommen unklar. Die logische Alternative, weniger zu konsumieren, finden einige abwegiger, als unsere Lebensgrundlagen zu zerstören.

Je länger weitergewirtschaftet wird wie bisher, desto schwieriger ist es, später etwas zum Besseren zu verändern – in vielen Fällen sind Ökosysteme sogar unwiederbringlich verloren. Und je mehr Natur wir zerstören, desto kleiner wird unser Spielraum fürs Überleben.

Trotzdem versuchen politische Handlungstragende noch immer, nur das Minimum zu tun, um Unternehmen und Verbänden nicht auf die Füße zu treten und so weiterwirtschaften zu können wie bisher. Während die Politik Kompromisse schließt, gehen das Artensterben und die Vernichtung der Biodiversität ungehindert weiter.

Der rücksichtslose Umgang mit Menschen und der Natur im neoliberalen Wirtschaftssystem ist ursächlich für die Verschmutzung der Atemluft und des Wassers, genau wie für verseuchte Böden. Eine vergiftete Umwelt bewirkt, dass das Immunsystem von Menschen geschwächt wird. Das kapitalistische System verstärkt soziale Ungleichheit und Armut, da Reichtum nicht gleichmäßig verteilt wird. Das führt dazu, dass sich nicht alle eine ausreichende Gesundheitsversorgung leisten können. Es führt zu massivem Sparzwang bei der Gesundheitsversorgung, die auch in reichen Ländern immer häufiger privatisiert wird und deren Angestellte zu Recht über schlechte Arbeitsbedingungen klagen. Es ist für die industrielle Tierzucht verantwortlich, durch die multiresistente Keime entstehen und Pathogene übertragen werden, und für die Zerstörung natürlicher Lebensräume, durch die zoonotische Krankheiten häufiger auf Menschen übertragen werden, weil es öfter zu Kontakten zwischen Menschen und Wildtieren kommt. Und das kapitalistische System ist via Globalisierung auch dafür verantwortlich, dass Keime und Viren sich in kürzester Zeit in alle Teile der Erde verbreiten. Es sorgt überdies durch fossile Energiegewinnung für die Erwärmung der Landmassen und vor allem der Ozeane: Das führt zu häufigeren Extremwetterlagen und dazu, dass ganze Landstriche für Menschen und Tiere unbewohnbar werden, weil Wasser knapper wird und Dürren zunehmen.

Wie ungenügend wir in diesem System auf Krisensituationen vorbereitet sind, ist seit der Coronapandemie, die 2020 begann, offensichtlich. Krisen machen unsere ungleichen Gesellschaften noch ungleicher. Sie treffen all diejenigen am schwersten, die vom Wirtschaftssystem abgehängt sind und in prekären Umständen leben. Trotz der anfänglich zu Recht viel gerühmten Solidarität und Nachbarschaftshilfe diente COVID-19 der EU als Grund, sich weiter abzuschotten und das Seerecht, die Menschenrechte und die Flüchtlingskonventionen zu umgehen. Neben Italien nutzte auch die Regierung von Malta die Situation, um zu behaupten, dass ihre Häfen wegen der Pandemie geschlossen wären und Seenotrettungsschiffe deswegen nicht einlaufen dürften. Zwar erhielten in Portugal oder Italien viele Menschen eine Aufenthaltserlaubnis und damit besseren Zugang zum Gesundheitssystem, die humanitäre Katastrophe in Lagern an den Rändern Europas dauerte aber an und verstärkte sich, denn die Menschen konnten sich unter den hygienischen Bedingungen nicht einmal notdürftig vor dem Virus schützen. Anstatt sie zu evakuieren, entschloss sich die EU wieder einmal, keine Solidarität zu zeigen, die über Ländergrenzen und soziale Schichten hinwegreicht. Das ist in einem System, in dem alle nur nach Profitmaximierung streben, schlicht nicht vorgesehen. Und obwohl Impfstoffe wie AstraZeneca mit 97 Prozent öffentlichen Geldern erforscht wurden, wollen Pharmafirmen die Patente nicht freigeben, damit Impfstoffe so schnell wie möglich weltweit hergestellt und verimpft werden können. Dazu kommt, dass es nicht allein auf die geschützten Herstellungsverfahren ankommt, sondern dass die Produktionsstätten ausgebaut und gefördert werden müssen, um günstige und hochwertige Impfstoffe für alle Menschen herzustellen und die globale Gesundheitskrise abzumildern.

Um soziale und ökologische Krisen zu bewältigen, brauchen wir den transformativen Wandel, den der Weltbiodiversitätsrat fordert. Kosmetische Lösungen, ohne die Ursache der Probleme anzugehen, reichen nicht aus. Ein Ökozid-Gesetz etwa bringt Natur nicht zurück, wenn sie einmal vernichtet ist. Mit einem solchen Gesetz soll die großflächige Zerstörung von Ökosystemen, der Ökozid, durch eine Änderung des Römischen Statuts als fünftes Völkerrechtsverbrechen vom Internationalen Strafgerichtshof in Den Haag geahndet werden, wobei derartige Gesetze auch national beschlossen werden könnten. Natürlich sollte es solche Gesetze geben, aber sie greifen eben erst, wenn der Schaden schon angerichtet ist. Sie bekämpfen mehr das Symptom als die Ursache, obwohl die Ursache durchaus mitgedacht ist.

Auch das »Half-Earth«-Konzept des Biologen E. O. Wilson, der vorschlägt, die Hälfte der Erde unter Naturschutz zu stellen, will nichts an den Treibern des Artensterbens ändern. Wilson fordert, Schutzgebiete stark auszuweiten, sodass die Menschheit nur noch auf einer Hälfte der Erde lebt, während alles nicht menschliche Leben in der anderen Hälfte vor den Menschen geschützt ist. Schutzgebiete sollen genau die Regionen werden, in denen die Artenvielfalt noch besonders hoch ist. Dort leben aktuell hauptsächlich Indigene Gemeinschaften. Obwohl sie nur 5 Prozent der Weltbevölkerung ausmachen, schützen sie auf ihrem Land 80 Prozent der Biodiversität. Wie er die Menschen von ihrem Land vertreiben und zwangsumsiedeln will, dazu schweigt E. O. Wilson sich aus. Genauso dazu, wie die Lebensbedingungen im Erdteil sein würden, der den Menschen zugewiesen ist. Ein weiteres Problem ist, dass Wasser- oder Luftverschmutzung nicht an einer menschengemachten Grenze haltmachen. Wenn ein landwirtschaftlicher Betrieb in der Nähe Pestizide sprüht und diese vom Wind auf ein Naturschutzgebiet geweht werden, sterben die Insekten auch. Genauso ist es mit Plastik, wie wir es hier in Nordnorwegen täglich sehen – Ozeanversauerung, Lärmbelastung, all das wird nicht an der Grenze eines Meeresschutzgebietes haltmachen.

Viel wichtiger aber ist festzustellen, dass Wilsons Bild vom Menschen als Problem für die Natur grundsätzlich falsch ist. Denn menschliche Kulturen und ihre Umwelt sind eng miteinander verwoben. Schon vor 12 000 Jahren beeinflussten Menschen 75 Prozent der Erdoberfläche, eine »von Menschen unberührte Wildnis« ist also nichts anderes als ein Mythos. Das Problem sind nicht Menschen in der sogenannten Natur, sondern das Verhalten der jeweiligen Gesellschaften.

In die gleiche Richtung wie Wilson argumentieren die Verhaltensforscherin Jane Goodall oder der Dokumentarfilmproduzent David Attenborough, die seit Dekaden die angebliche Überbevölkerung für das Leiden der nicht menschlichen Natur verantwortlich machen, statt sich darauf zu fokussieren, dass die Gesellschaften, zu denen sie selbst gehören, massiv überkonsumieren. Es gäbe kaum ökologische Probleme, wenn acht Milliarden Menschen nur so viel konsumierten wie in Bangladesch. Attenborough lobte etwa kürzlich mit seinem Buddy, dem englischen Prinz William, den »Earthshot Prize« aus, der Anreize schaffen soll für technologische Lösungen, mit denen wir den ökologischen Krisen begegnen können. Doch die Lösung ist lange bekannt. Sie besteht darin, Reichtum und Macht gerecht und demokratisch zu verteilen – was auch bedeuten würde, dass reiche Menschen weniger konsumieren und aufhören müssten, von Gala zu Gala um die Erde zu jetten, um diese vorgeblich zu retten.

Wollte Prinz William etwas Sinnvolles tun, dann könnte er sich dafür einsetzen, Ländereien des britischen Königshauses an die Gemeinden zur Selbstverwaltung zurückzugeben, wie es viele lokale Initiativen fordern. Der britischen Königsfamilie gehören aktuell etwa 670 000 Hektar Land, davon über 106 000 Hektar Landwirtschaftsflächen.

Schottland insbesondere hat innerhalb der westlichen Welt die ungleichsten Landbesitzverhältnisse, dies ist Resultat des Enclosure Movement im 18. und 19. Jahrhundert, als das gemeinsam bewirtschaftete Land der schottischen Landbevölkerung, *the Commons* genannt, Schritt für Schritt vom englischen Adel privatisiert und eingezäunt wurde. Zahlreiche Bauern verarmten und verloren ihr Auskommen, sie waren gezwungen, in den neu industrialisierten Großstädten Arbeit zu suchen, und verelendeten in den Arbeitervierteln. Die Lebens- und Arbeitsbedingungen waren erbärmlich, die

Lebenserwartung war deutlich schlechter als auf dem Land, sie sank in Liverpool um 1860 auf nur 26 Jahre. Die Kindersterblichkeit in Schottland zur gleichen Zeit lag bei 28 von 1000 Kindern in den Städten, im Vergleich zu 18 in ländlichen Gebieten.

Ähnlich wie der schottischen Landbevölkerung in der Folge des Enclosure Movement ergeht es den Menschen, die heute im Namen des Naturschutzes von ihrem Land vertrieben werden und die Möglichkeit zur Subsistenzwirtschaft verlieren. Sie waren vorher unabhängig, lebten von und mit der Natur und teils ganz ohne Geld, enden aber infolge des neokolonialen Landraubs in städtischen Slums, wo sie schlecht bezahlte Arbeit annehmen müssen und Gefahr laufen, ihre Kultur zu verlieren.

Statt Menschen von ihrem Land zu vertreiben, ist es höchste Zeit, Naturschutz dekolonial zu gestalten und die vom Weltbiodiversitätsrat erforschten Ursachen für den Verlust der Artenvielfalt anzugehen, die im Verhalten der Industriegesellschaften im Globalen Norden liegen. Dennoch suchen viele Ökolog*innen nach Lösungen, die marginalisierte Bevölkerungsgruppen noch weiter benachteiligen. So lächerlich etwa die Idee »Half-Earth« auch ist, so gefährlich ist sie, da sie bestechend einfach zu kommunizieren ist. Sie wurde vom WWF aufgegriffen, der den »Global Deal for Nature« initiierte und damit 30 Prozent der Erdoberfläche bis 2030 unter Naturschutz stellen will. Das Ziel »30 Prozent« ist dabei nicht wissenschaftlich begründet. Es wurde gewählt, weil sich der Slogan »30 × 30« gut an politische Entscheidungsträger*innen verkaufen lässt.

Diese Idee einer westlichen Naturschutzorganisation wird nun tatsächlich in UN-Gremien diskutiert, etwa auf dem

World Conservation Congress der IUCN *(International Union for Conservation of Nature)* in Marseille im September 2021 und soll beim nächsten UN-Treffen zur Biodiversitätskonvention *(Convention on Biological Diversity,* CBD) im Oktober 2021 in China beschlossen werden. Indigene Gruppen und lokale Bevölkerung stehen diesem Vorschlag aus dem Globalen Norden extrem skeptisch gegenüber, denn sie wurden bereits in der Vergangenheit für den Naturschutz von ihrem Land vertrieben. Noch dazu sind große Naturschutzorganisationen, insbesondere der WWF, in vielen Ländern in Menschenrechtsverletzungen in Schutzgebieten verwickelt gewesen. Nach einem 2020 veröffentlichten unabhängigen Bericht versäumte der WWF, auf die Vorfälle in über zehn Ländern angemessen zu reagieren oder sie zumindest aufzuklären. Dies geschah erst, nachdem die Vorfälle öffentlich wurden. Weiterhin stellt der Bericht fest, dass der WWF bei der Schaffung von Schutzgebieten eine effektive Beteiligung der Indigenen Gruppen oder lokalen Gemeinschaften und insbesondere das Einholen von freier, unabhängiger und informierter Zustimmung *(free, prior and informed consent)* nicht umsetzte. Dies ist nicht nur ein Problem des WWF, sondern zieht sich wie ein roter Faden durch die Geschichte der Naturschutzgebiete weltweit, doch insbesondere in Afrika und Asien hält der neokoloniale Naturschutz bis heute an. Bei Biodiversitätskonferenzen haben Indigene Gruppen kein Mitspracherecht, sie nehmen allenfalls als Berater teil, obwohl es um das Land geht, auf dem sie leben. Der aktuelle Vorentwurf für die kommende Vertragsstaatenkonferenz COP15 in China, bei der über Artenschutzrichtlinien entschieden wird, die Aichi ablösen und die nächsten zehn Jahre gelten sollen, enthält keinen Hinweis auf die Anerkennung der Rechte der 400 Millionen Menschen, die so viele Biodiversitäts-Hotspots bis heute schützen. Vertreter des Internationalen Indigenen Forums für Biodiversität fordern, dass die IUCN eine eigene Schutzgebietskategorie für Indigenes Land und Gewässer einrichtet, sodass die Rechte der Indigenen garantiert werden und ihr Land als Teil des zu erreichenden 30-Prozent-Ziels gelten würde. Diese Forderung müssen wir als Zivilgesellschaft aus dem Globalen Norden solidarisch unterstützen. Schon jetzt sind in vielen Teilen der Welt sogenannte Indigenous Community Conservation Areas (ICCA) als Naturschutzgebiete anerkannt, die Gemeinschaften nennen sie *territories of life*. Sie leben weiter in den Gebieten und schaffen Regeln für ihr Zusammenleben selbstständig und unabhängig. Effizienter Naturschutz muss die Landrechte der Menschen garantieren, die ihre Umwelt sorgsam behandeln, während zerstörerische Verhaltensweisen und Industrien sofort stark eingeschränkt werden müssen.

Doch globale Industrien wie Landwirtschaft und Bergbau verteidigen ihre Interessen, und so sind viele Menschen, die ihr Land gegen die Industrien verteidigen wollen, großen Gefahren ausgesetzt, sie werden bedroht oder ermordet. Weltweit starben 2019 über 200 Menschen, die sich für Umweltschutz einsetzten, wie die Zählung der NGO Global Witness ergab, die meisten von ihnen in Kolumbien, den Philippinen und Brasilien durch Unternehmen, Farmer, kriminelle Banden, paramilitärische Gruppen, Rebellen und sogar staatliche Akteure. Die Industrien in ihre Schranken zu verweisen und sich für die Sicherheit der Menschen einzusetzen, die ihre Gebiete schützen, ist letztlich – und das ist eine simple Erkenntnis – etwas, das allen Menschen nützt.

Um Naturschutz wirkungsvoll zu machen, muss er neu gedacht werden – gerechter, radikaler und sozialer. Kulturelle Diversität und Artenvielfalt sind zwei Seiten derselben Münze, und Rechte für Indigene sind essenziell für effektiven Naturschutz. Doch das allein reicht nicht. Insbesondere wir Menschen im Globalen Norden müssen unsere Gesellschaften dringend so umstrukturieren, dass wir Leben regenerieren, statt es zu zerstören. Im eurozentrischen Weltbild nehmen wir als gegeben an, dass unsere Gesellschaften Vorbilder für andere sein sollten. Dabei sind wir diejenigen, die die Lebensgrundlage auf unserem Planeten zerstören. Um transformativen Wandel umzusetzen, sollten wir also von den Kulturen lernen, die harmonischer mit ihrer Umwelt leben. Sie können unsere Wegweiser sein, wobei wir ihre Lebensweise nicht kopieren können, sondern einen eigenen Weg finden müssen, unsere Gesellschaft wirklich regenerativ zu gestalten.

Wenn wir als Menschheit langfristig auf diesem Planeten überleben wollen, müssen wir alle Aspekte des vielschichtigen Problems berücksichtigen, in dem Biodiversitätskrise, Klimakrise und soziale Krisen verschränkt sind. Wir brauchen eine systemische Wende, die eine Abkehr vom steten Wirtschaftswachstum bedeutet und eine Transformation zu einer gerechteren, vielfältigen Welt. Es wird keine einheitliche Lösung für alle Kulturen geben, stattdessen brauchen wir ein Pluriversum an Alternativen und einen Fokus auf globale Gerechtigkeit.

Im Globalen Norden müssen wir unsere Rolle in der Natur grundsätzlich verändern und eine Gesellschaft schaffen, die Naturschutz, wie wir ihn bisher kennen, überflüssig macht, indem wir eine Gesellschaft schaffen, die Natur nicht zerstört, sondern regeneriert. Wir müssen *uns* ändern. Wie auch der IPBES-Biodiversitätsbericht von 2019 schreibt, müssen wir das Konzept des Dualismus von Mensch und Natur ablegen. Wir müssen uns selbst wieder als Teil des Lebensnetzes der Erde begreifen. Und wir müssen der Natur einen eigenen Wert und Rechte zusprechen.

Im Kalten Krieg wurde vor sechzig Jahren der Antarktis-Vertrag geschlossen, der zusichert, dass die Antarktis in internationaler Kooperation wissenschaftlich erforscht werden darf, aber militärische Operationen untersagt sind. Weitere dreißig Jahre später folgte ein Umweltprotokoll inklusive eines Verbots des Abbaus von Bodenschätzen. Aktuell ist das größte Problem für die Antarktis und das Südpolarmeer die Klimakrise, doch trotz der Versprechen von Paris passiert immer noch viel zu wenig.

Während sich also 29 reiche Nationen, die sich ein großes Wissenschaftsprogramm in der Antarktis leisten können und damit stimmberechtigt sind, rühmen, wie erfolgreich sie die Antarktis schützen, schmelzen die gleichen Nationen durch ihre massiven Emissionen die Eisschilde, überfluten Inseln und niedrig liegende Länder und verändern das antarktische Ökosystem für immer.

Wir müssen heute also einen ganz anderen Vertrag schließen. Er sollte sichern, dass die Siedler-Staaten ihre Ansprüche an die Antarktis für immer aufgeben, dass dieses Ökosystem sich selbst gehört, dass die Natur Rechte hat und Menschen ihr gegenüber verpflichtet sind, sie vor Schaden zu bewahren.

Veränderung muss von der Zivilgesellschaft angetrieben werden, denn die aktuelle Politik versucht stets, die Symptome der Probleme mit Minimalkompromissen zu lösen. Mit der Biodiversität und mit dem Klima lassen sich aber keine Kompromisse schließen.

Als Zivilgesellschaft müssen wir die Regierungen in die Pflicht nehmen, zum Wohle aller zu handeln und die sozialökologische Transformation umzusetzen. Nur mit langfristigem Engagement und unüberhörbarem Protest schaffen wir Öffentlichkeit und machen die Krisen sichtbar. Wie ich im letzten Kapitel dieses Buches erklärt habe, gibt es mannigfaltige Formen, sich demokratisch einzubringen, um diesen Kräften etwas entgegenzusetzen.

Wir müssen uns künftig nicht nur gegen das Nichtstun, sondern verstärkt auch gegen falsche Lösungen einsetzen. Dazu gehören die Netto-Null-Ziele, die es der Wirtschaft erlauben sollen, unverändert weitere Dekaden lang die Atmosphäre zu verschmutzen. Sie setzen dabei auf illusorische, noch gar nicht erfundene Technologien, um CO_2 aus der Atmosphäre zu holen. Aus diesem Grund organisierten die Indigenen Sami sich gegen das auf ihrem Land geplante und mittlerweile abgelehnte Geoengineering-Projekt SCoPEx der Universität Harvard: Es trage nichts zur dringend notwendigen Minderung der Emissionen bei und schaffe nur weitere, schwer einschätzbare Umweltrisiken.

Auch dass immer mehr fossile Konzerne ihre massiven Emissionen etwa durch ein paar Baumpflanzungen kompensieren wollen und auf das Buzzword *nature-based solutions* aufspringen, sollte uns Sorge machen. Es ist für sie nur eine weitere Methode, um ihr zerstörerisches Geschäftsmodell beizubehalten. Abgesehen davon nützen längst nicht alle sogenannten naturbasierten Klimalösungen der Biodiversität, etwa wenn Monokulturplantagen entstehen.

Wir brauchen die Ökosysteme, um den Klimawandel abzumildern, doch es kann schnell passieren, dass gute Alternativen weichgespült werden. Agrarökologie etwa ist eine regenerative Landwirtschaftsmethode, die Kohlenstoff in den Böden bindet, die Gesundheit der Böden verbessert und industrielle Düngemittel und Pestizideinsatz reduziert. Bewegungen wie das internationale Bündnis La Via Campesina, in dem sich Menschen aus der kleinbäuerlichen Landwirtschaft, der Landarbeit und dem Fischfang mit Landlosen und Indigenen zusammenschließen, oder die Bewegung der Landarbeiter ohne Boden *(Movimento dos Trabalhadores Rurais Sem Terra)* aus Brasilien propagieren diese Methode, auch, um Bäuer*innen von der industriellen Landwirtschaft unabhängig zu machen. Doch zuletzt wollten sich auch Unternehmen wie Nestlé, PepsiCo oder Cargill mit der Nutzung agrarökologischer Methoden den Anstrich einer grüneren Landwirtschaft geben, obwohl sie nicht vorhaben, die ungerechten sozialökonomischen, politischen oder ökologischen Bedingungen zu ändern, auf denen ihre Unternehmenskultur und ihr Profit basieren.

Kohlendioxidkompensationen, sogenannte *carbon offsets*, sind ein weiterer finanzieller Ablasshandel, mit dem Firmen sich als grün darstellen wollen, während sie schmutzige Geschäfte machen. Dabei erhalten sie teilweise sogar Unterstützung von Umweltschutz-NGOs. Erst vor wenigen Monaten legte eine Reportage von Bloomberg offen, dass die weltgrößte Umweltschutz-NGO The Nature Conservancy angeblich zusätzlichen Waldschutz als Kompensationsleistung an Firmen wie J. P. Morgan oder BlackRock verkaufte, obwohl die betroffenen Waldgebiete bereits seit Jahren erfolgreich geschützt waren.

Es ist keine Lösung, Natur in Finanzinstrumente zu verpacken und zum Teil des kapitalistischen Systems zu machen – Expert*innen haben ganze Bücher darüber geschrieben. Dazu sei nur gesagt: Naturzerstörung oder Emissionen an einem Ort durch Ausgleich anderswo kompensieren zu wollen oder sogenannten Ökosystemdienstleistungen ein Preisschild zu verpassen und einen erholsamen Waldspaziergang zu einem Buchhaltungsakt zu machen ist nicht der richtige Weg. Genauso wenig wie Natur als Form von Kapital zu berechnen oder Staaten Schuldenerlass zu gewähren, die Biosphärenschutz für ihre Schuldner*innen umsetzen. All das kann nur falsch sein, denn es sind Lösungen innerhalb des gleichen Systems, das die Probleme erst geschaffen hat.

Zerstörerische Industrien müssen so schnell wie möglich umgebaut werden. Immer noch stoßen Länder wie Deutschland weiter massiv Treibhausgase aus, als gäbe es gar kein Problem; hier stehen einige der schädlichsten Kohlekraftwerke Europas. Wir müssen endlich mit den Arbeiter*innen und Gewerkschaften eine gerechte Umstrukturierung organisieren und die fossilen Energieträger im Boden lassen: *Leave it in the ground!*

Mit der Zerstörung aufzuhören ist aber nur ein erster Schritt, der nächste ist es, regeneratives Verhalten in unserer Gesellschaft zum Standard zu machen und Ökosysteme langfristig wiederherzustellen. Um das zu erreichen, müssen wir uns verstärkt dafür einsetzen, dass Naturschutz in der Klimagerechtigkeitsbewegung mitgedacht wird. Und dass in jedem

Gedanken an Naturschutz ganz automatisch die Forderung nach Gerechtigkeit, Landrechten und demokratischer Entscheidung eingeschlossen ist.

Es mag schwierig sein, sich vorzustellen, wie die entscheidende Transformation in der kurzen Zeit gegen all die Widerstände geschehen soll. Doch wir dürfen nicht vergessen, dass niemand von einem System profitiert, das unsere Lebensgrundlagen zerstört. Statt uns zu fragen, was wir allein verändern können, sollten wir uns fragen, wie wir Verbündete gewinnen, und uns gemeinschaftlich für strukturelle Veränderungen organisieren. Der Anfang davon muss nicht groß sein, doch wir müssen das große Ganze im Blick behalten und uns von dem leiten lassen, was notwendig ist, und nicht von dem, was aktuell möglich scheint. Denn was möglich ist, können wir durch unser Handeln ändern.

Danksagung

Ein besonderer Dank, weil sie eine solche Rettungsmission überhaupt erst möglich machen, geht an alle Unterstützerinnen der zivilen Seenotrettung, an alle Freiwilligen und Angestellten der NGO Sea-Watch und in diesem Fall natürlich insbesondere an die Crew der Mission 23.

Danke an Hindou Oumarou Ibrahim für ihr wichtiges Vorwort und an Lorenz Schramm, Oscar Schaible, Victoria Lange-Brock und Haidi Sadik für ihre inhaltlichen Beiträge. Danke für Anmerkungen und Korrekturen des Manuskripts an Nadja Charaby, Eva Mahnke, Nic Zehmke, Andrea Vetter und alle weiteren Korrekturleserinnen.

Außerdem an Ilka Heinemann, Margit Ketterle und Doris Janhsen. Danke an Katharina Ilgen, Sibylle Dietzel, Kerstin Schuster, Ralf Reuther. Und an Jan Strümpel für das umsichtige Lektorat.

An Tina Damm für die Hilfe in Übersetzungsfragen, ebenso an Kathrin Henneberger und Theresa Leisgang.

Danke an Alfio Furnari für die Klärung der rechtlichen Details hinsichtlich der Spende an borderline-europe – Menschenrechte ohne Grenzen e.V. sowie an Matthias Landwehr.

Danke an Anne Weiss, ohne die in so extrem kurzer Zeit kein Buch entstanden wäre.

Literatur und weiterführende Internetadressen

Kapitel 1 und 2

Sea-Watch: https://sea-watch.org/
borderline-europe – Menschenrechte ohne Grenzen e. V.:
https://www.borderline-europe.de/
Missing Migrants Project: https://missingmigrants.iom.int/
Forensic Architecture: https://forensic-architecture.org/ und
Forensic Oceanography: https://forensic-architecture.org/category/forensic-oceanography
Die Dokumentation über das Left-to-die-boat findet ihr hier:
www.bbc.co.uk/sounds/play/p0101r27,
ein Statement eines der Passagiere hier:
https://www.youtube.com/watch?v=7pVV2FiWEsg

Vosyliūtė, Lina / Conte, Carmine: *Crackdown on NGOs and volunteers helping refugees and other migrants*, Research Social Platform on Migration and Asylum ReSOMA, 2019

Kapitel 3

Landkarten von Umweltveränderungen und Migration:
https://environmentalmigration.iom.int/maps
Erdüberlastungstag: https://www.overshootday.org/
Rupert Read Think Tank: https://www.greenhousethinktank.org/

Global Witness zum Tod von Umweltaktivistinnen:
https://www.globalwitness.org/en/
Worte für die Regenerative Kultur: https://medium.com/activate-the-future/a-glossary-of-regenerative-culture-c6107a8a93cd
Ökozid: www.endecocide.org, www.earth-law.org

Bendell, Jem: *Deep Adaptation (Tiefenanpassung): Ein Wegweiser, um uns durch die Klimakatastrophe zu führen,* IFLAS Occasional Paper 2, 2018

Climate Vulnerable Forum / DARA: *2. Climate Vulnerability Monitor. A guide to the cold calculus of a hot planet,* New York 2012

Díaz, Sandra / Settele, Josef / Brondízio, Eduardo et al.: *Report of the Plenary of the Intergovernmental Science-Policy Platform on Biodiversity and Ecosystem Services on the work of its seventh session,* IPBES, 2019

GSI / Anglia Ruskin University: *Food System Shock. The insurance impacts of acute disruption to global food supply,* Lloyd's, 2015

Internal Displacement Monitoring Centre (IDMC): *Global Report on Internal Displacement,* Norwegian Refugee Council, 2019

Kolbert, Elizabeth: *Das sechste Sterben: Wie der Mensch Naturgeschichte schreibt,* Frankfurt/M. (Suhrkamp) 2016

Motesharrei, Safa / Rivas, Jorge / Kalnay, Eugenia: »Human and nature dynamics (HANDY): Modeling inequality and use of resources in the collapse or sustainability of societies«, in: *Ecological Economics* 101, 2014

Read, Rupert: *This civilisation is finished: So what is to be done?,* IFLAS Occasional Paper 3, University of Cumbria, 2018

Rockström, Johan: »Planetary boundaries: exploring the safe

operating space for humanity«, in: *Ecology and Society,* Vol. 14, No. 2, 2009

Romberg, Johanna: »Nennt es Wiese, nicht Ressource. Warum unsere Natur nicht nur besseren Schutz braucht, sondern auch eine lebendigere Sprache«, in: *Die Flugbegleiter,* 2019, online unter: shorturl.at/dhJMP

UN Human Rights Council: *Climate change and poverty. Report of the Special Rapporteur on extreme poverty and, human rights,* 2019

Wallace-Wells, David: *Die unbewohnbare Erde. Leben nach der Erderwärmung,* München (Ludwig) 2019

Wray, Britt: *Rise of the Necrofauna: The Science, Ethics, and Risks of De-Extinction,* Vancouver (Greystone Books) 2019

Kapitel 4

Eine Liste der von Exxon gegründeten Think Tanks, die verhindern, dass die Wahrheit über Gesundheitsrisiken ans Licht kommt: https://exxonsecrets.org/html/index.php

LobbyControl: www.lobbycontrol.de

Spendenbasierter Nachrichtensender Democracy Now!: https://www.democracynow.org/

Die stille Revolution, ein Film über den Kulturwandel in der Arbeitswelt: https://www.die-stille-revolution.de/

Websites zur Postwachstumsökonomie: https://wellbeingeconomy.org/, www.degrowth.info

Postwachstumswebsite auf Deutsch: https://konzeptwerk-neue-oekonomie.org/

Beispiele für rapide Veränderungen: https://www.rapidtransition.org/

Challinor, A. J. / Watson, J. / Lobell, D. B. / Howden, S. M. / Smith, D. R. / Chhetri, N.: »A meta-analysis of crop yield under climate change and adaptation«, online veröffentlicht in: *Nature Climate Change*, 16. März 2014: http://dx.doi.org/10.1038/NCLIMATE2153

Climate Action Network Europe (CAN): *Report – Phase-out 2020: Monitoring Europe's fossil fuel subsidies*, online abrufbar unter: https://www.odi.org/sites/odi.org.uk/files/resource-documents/11762.pdf

Cunsolo, Ashlee / Ellis, Neville R.: »Ecological grief as a mental health response to climate change-related loss«, in: *Nature Climate Change* 8, 2018

Cunsolo, Ashlee / Landman, Karen (Hrsg.): *Mourning Nature: Hope at the Heart of Ecological Loss and Grief*, Montreal (McGill-Queen's University Press) 2017

D'Alisa, Giacomo / Demaria, Federico / Kallis, Giorgos: *Degrowth. Handbuch für eine neue Ära*, München (oekom) 2016

Dittrich, M. / Giljum, S. / Lutter, S. / Polzin, C.: *Green economies around the World? Implications of resource use for development and the environment*, Wien 2012

Evans, Alex: *The Myth Gap: What Happens When Evidence and Arguments Aren't Enough?*, London (Penguin) 2017

Hartmann, Kathrin: *Die grüne Lüge: Weltrettung als profitables Geschäftsmodell*, München (Blessing) 2018

Hickel, Jason / Kallis, Giorgos: »Is Green Growth Possible?«, in: *New Political Economy*, Volume 25, Issue 4 (2020)

Hickel, Jason: »Degrowth: a theory of radical abundance«, in: *Real-World Economics Review* Nr. 87, 19. März 2019, S. 54–68, http://www.paecon.net/PAEReview/issue87/Hickel87.pdf

Hickel, Jason: *The Divide. A Brief Guide to Global Inequality and its Solutions*, London (Windmill Books) 2018

Jackson, Tim: *Wohlstand ohne Wachstum. Grundlagen für eine zukunftsfähige Wirtschaft,* München (oekom) 2017

Klein, Naomi: *Die Entscheidung – Kapitalismus vs. Klima,* Frankfurt/M. (S. Fischer) 2016

Klein, Naomi: *Die Schock-Strategie. Der Aufstieg des Katastrophen-Kapitalismus,* Frankfurt/M. (S. Fischer) 2009

Kropotkin, Peter: *Mutual Aid: A Factor of Evolution,* 1902

Lent, Jeremy: *The patterning instinct. A cultural history of humanity's search for meaning,* Amherst (Prometheus Books) 2017

Lertzman, Renee: *Environmental Melancholia: Psychoanalytic Dimensions of Engagement,* London (Routledge) 2015

Monbiot, George: *Out of the Wreckage. A new politics for an age of crisis,* New York (Verso) 2017

Morton, Jane: *Don't mention the emergency?* Darebin Climate Action Now, 2018

O'Neill, Daniel / Fanning, Andrew L. / Lamb, William F. / Steinberger, Julia K.: »A good life for all within planetary boundaries«, in: *Nature Sustainability* 1, 2018

Oreskes, Naomi / Conway, Erik M.: *Die Machiavellis der Wissenschaft: Das Netzwerk des Leugnens,* Weinheim (Wiley-VCH) 2014

Raworth, Kate: *Doughnut Economics. Seven ways to think like a 21st-century economist,* London (Random House Business) 2017

Schmelzer, Matthias / Vetter, Andrea: *Degrowth/Postwachstum zur Einführung,* Hamburg (Junius) 2019

Stoknes, Per Espen: *What we think about when we try not to think about global warming,* White River Junction (Chelsea Green Publishing) 2015

Verhaeghe, Paul / Hedley-Prole, Jane: *What about me? The*

struggle for identity in a market-based society, Brunswick (Scribe Publications) 2014

Wijkman, Anders / Rockström, Johan: *Bankrupting Nature: Denying Our Planetary Boundaries,* Abingdon (Taylor & Francis) 2012

Kapitel 5

Seite über gewaltlosen Protest von Mark und Paul Engler: https://wagingnonviolence.org

Welche Kohlenstoffspeicher bietet die Natur und was ist die Wissenschaft dazu: https://www.naturalclimate.solutions/

CANVAS: https://canvasopedia.org/

Butt, Nathalie / Lambrick, Frances / Menton, Mary / Renwick, Anna: »The supply chain of violence«, in: *Nature Sustainability* 2, 2019, online unter: https://doi.org/10.1038/s41893-019-0349-4

Chenoweth, E. / Stephan, M. J.: *Why civil resistance works: The strategic logic of nonviolent conflict,* New York (Columbia University Press) 2011

Engler, Mark / Engler, Paul: *This is an uprising: How nonviolent revolt is shaping the twenty-first century,* New York (Bold Type Books) 2016

Griscom, Bronson W. / Adams, Justin / Ellis, Peter W. et al.: »Natural Climate Solutions«, in: *PNAS,* 31. Oktober 2017

Hallam, Roger: *Common sense for the 21st century. Only nonviolent rebellion can now stop climate breakdown and social collapse,* PDF abrufbar unter www.rogerhallam.com

Hawken, Paul (Hg.): *Drawdown – der Plan. Wie wir die*

Erderwärmung umkehren können, Gütersloh (Gütersloher Verlagshaus) 2019

Popovic, Srdja: *Protest! Wie man die Mächtigen das Fürchten lehrt*, Frankfurt/M. (Fischer) 2015

Searchinger, Timothy D. / Wirsenius, Stefan / Beringer, Tim / Dumas, Patrice: »Assessing the efficiency of changes in land use for mitigating climate change«, in: *Nature* 564, 2018

Sharp, Gene: *Von der Diktatur zur Demokratie. Ein Leitfaden für die Befreiung*, München (C. H. Beck) 2014

Sharp, Gene: 198 Methods of Nonviolent Action, online unter: www.aeinstein.org/ nonviolentaction/198-methods-of-nonviolent-action

Timmermann, Michael / Kaufmann, Sina Kamala et al.: *Wann wenn nicht wir*. Ein Extinction Rebellion Handbuch*, Frankfurt (S. Fischer) 2019

Van Reybrouck, David: *Gegen Wahlen. Warum Abstimmen nicht demokratisch ist*, Göttingen (Wallstein) 2016

Nachwort zur Taschenbuchausgabe

Elgin, Ben: »These Trees Are Not What They Seem. How the Nature Conservancy, the world's biggest environmental group, became a dealer of meaningless carbon offsets«, in: *Bloomberg Green* 9. 12. 2020, https://www.bloomberg.com/features/2020-nature-conservancy-carbon-offsets-trees/, Stand: 28. 04. 2021

Held, Lisa: »Is Agroecology Being Co-Opted by Big Ag?«, in: *Civil Eats*, https://civileats.com/2021/04/20/is-agroecology-being-co-opted-by-big-ag/, Stand: 28. 04. 2021

Independent Panel of Experts: »Embedding Human Rights in

Nature Conservation: From Intent to Action«, 11/2020, https://wwfint.awsassets.panda.org/downloads/independent_review___independent_panel_of_experts__final_report_24_nov_2020.pdf, Stand: 28.04.2021

IPBES (2019): *Global assessment report on biodiversity and ecosystem services of the Intergovernmental Science-Policy Platform on Biodiversity and Ecosystem Services.* E. S. Brondizio, J. Settele, S. Díaz, and H. T. Ngo (editors). IPBES secretariat, Bonn, Germany.

Secretariat of the Convention on Biological Diversity (2020): *Global Biodiversity Outlook 5,* Montreal, http://www.cbd.int/GBO5, Stand 28.04.2021

Wilson, E. O.: *Die Hälfte der Erde. Ein Planet kämpft um sein Leben,* München (C. H. Beck) 2016

Über die AutorInnen

Carola Rackete, (*1988) studierte Nautik in Elsfleth und Naturschutzmanagement im englischen Ormskirk. Zwischen 2016 und 2019 arbeitete sie freiwillig auf den Schiffen und Flugzeugen der zivilen Seenotrettung im zentralen Mittelmeer. Aktuell ist sie freiberuflich in verschiedenen Naturschutzkampagnen engagiert.

Anne Weiss, geboren 1974, ist Autorin und Umweltaktivistin. Zuletzt erschien von ihr *Generation Weltuntergang*, eine Geschichte des Klimawandels.

Hindou Oumarou Ibrahim ist Geografin und Umweltaktivistin. Sie koordiniert die Frauenorganisation *Femmes Peules et Peuples Autochtones du Tchad* und war Co-Direktorin des Pavillons der Weltinitiative der indigenen Volksgemeinschaften auf den UN-Klimakonferenzen 2015, 2016 und 2017.

Anne Weiss

MEIN LEBEN IN DREI KISTEN

Wie ich den Krempel rauswarf und das Glück reinließ

Anne Weiss hat scheinbar alles erreicht: Sie hat den Schrank voll schicker Klamotten und eine teure Wohnung in der Innenstadt, in der sich Luxusartikel stapeln. Doch eines Tages fragt sie sich: Was brauche ich wirklich, um glücklich zu sein? Und was macht unser Konsum eigentlich mit der Welt? Sie beschließt, ihr Leben umzukrempeln, und beginnt, sich nach allen Regeln der Nachhaltigkeit von jenen Dingen zu trennen, die sie nicht wirklich braucht. Was als kleines Experiment beginnt, stellt sie jedoch schon bald vor die ganz großen Fragen des Lebens …

»Anne Weiss bringt es auf den Punkt:
Gib ab, was du nicht brauchst,
und du bekommst, was du willst!«
Petra Nadolny

Mit vielen Tipps, um Sachen sinnvoll zu entsorgen.

Dieses Buch wurde klimaneutral produziert.

KNAUR